爸爸，快来陪我玩

▸ 玩着就能**培养孩子**的好性格 ◂

华泽
编著

PLAYING
WITH
THE KIDS

北京理工大学出版社
BEIJING INSTITUTE OF TECHNOLOGY PRESS

图书在版编目（CIP）数据

爸爸，快来陪我玩 / 华泽编著. —北京：北京理工大学出版社，2015.4

ISBN 978-7-5682-0148-3

Ⅰ.①爸…　Ⅱ.①华…　Ⅲ.①亲子关系-家庭教育　Ⅳ.①G78

中国版本图书馆CIP数据核字（2015）第005309号

出版发行／北京理工大学出版社有限责任公司
社　　址／北京市海淀区中关村南大街5号
邮政编码／100081
电　　话／(010) 68914775（总编室）
　　　　　82562903（教材售后服务热线）
　　　　　68948351（其他图书服务热线）
网　　址／http://www.bitpress.com.cn
经　　销／全国各地新华书店
印　　刷／保定市中画美凯印刷有限公司
开　　本／880毫米×1230毫米　1/32
印　　张／10.25
字　　数／189千字
版　　次／2015年4月第1版　2015年4月第1次印刷
定　　价／29.80元

责任编辑／王俊洁
文案编辑／袁　臻
责任校对／周瑞红
责任印制／马振武

序

我曾经读过这样一个故事：在南非西北部的一个公园里，一向温顺的小公象突然变得非常凶暴，残忍地踩死了临近的白犀牛。这让很多人疑惑，到底是什么事情让小公象性情大变呢？学者们经过调查发现，原来，政府为了维护公园的生态平衡，开始猎杀公象，这让很多小象失去了爸爸。可是，成年公象能更好地指导小象，并为它们树立一个与其他动物和平共处的榜样。如果小公象失去了爸爸，就会使其本能的攻击性因得不到节制而释放出来，性情变得凶暴。其实，对于人类来说，爸爸在孩子成长过程中的作用也不能忽视。著名心理学家格尔迪经过多年的研究，得出了这样一个结论："父亲是独特的存在，对培养孩子有特别的能力，失去父爱是人类情感发展的一种缺陷和不平衡。"

调查显示：50%的爸爸一天之中与孩子互动的时间不到1小时；30%以上的爸爸忙于工作，根本无暇顾及对孩子的教育；20%以上的爸爸认为陪伴孩子不重要。

对一个家庭来讲，教育孩子不只是妈妈的任务，更是爸爸的责任。电视节目《爸爸去哪儿》之所以火爆荧屏，我想，除了节目本身制作精良以外，它更多地唤起了爸爸们对教育的重视，让很多爸爸们反思自己对孩子的付出。在节目中，我们听到林志颖说，天天忙于工作，没空陪“黑米”；王岳伦说，自己整天忙，对安吉拉的陪伴不够；郭涛说，自己都没给小石头冲过奶；张亮说，由于忙工作，每个月只有三四天陪伴天天；田亮同样是忙于工作，对女儿的陪伴也不是很多。在节目的第二季，很多爸爸坦言，参加节目就是为了跟孩子多一些接触，能够记录下来爸爸和孩子们相处的美好时光。可见，一般爸爸们都忙得没有时间照顾孩子了。不只是他们几个爸爸，目前中国的现状是：很多爸爸忙于工作、事业，忙着挣钱给家人创造好的生活环境，把教育孩子的责任基本上全部推给了妻子。

爸爸们对培养孩子有特别的能力，失去父爱是人类情感发展的一种缺陷和不平衡。如果爸爸们整天以忙为借口忽视对孩子的陪伴，那么，他们就不是称职的爸爸。只要爸爸们想做一个好爸爸，这一切都不是问题。为什么要这么说呢？

《爸爸去哪儿》中的几位爸爸，事业都做得风生水起，他们在开头对带孩子参加节目有种种顾虑。但是，我们看到，他们每一期都有进步。每一次对孩子的陪伴，也使孩子有了快速的成长。我们看到，“森蝶”从最开始的不适应到后来非常乐于奉献，“黑米”从不能离开爸爸到能独自完成任务，石头从一个调皮小男孩到一个团队的队长，成为一个人人能信赖的大哥哥，天天从一个有点自我的小男孩成长为一个“暖天天”，安吉拉更是成为一个人见人爱的小公主。第二季中孩子们的成长通过节目第一期和最后一期孩子们在运动会中的不同表现，非常鲜明地反映了出来。他们的成长和进步，离不开爸爸们的陪伴和教导。我们听到爸爸们在熄灯以后对孩子们的教导，看到了爸爸们在每一次旅行中的付出。爸爸们，是不是应该想想应该怎么陪伴儿女？《爸爸，快来陪我玩》是孩子们对爸爸最想说的心里话。

作为平常人，我们也可以向这些爸爸学习，带孩子玩他们喜欢的游戏，在游戏中拉近父子、父女关系，让爸爸和孩子们的相处充满欢声笑语。《爸爸，快来陪我玩》从贴近生活的角度出发，选取了最实用的游戏和方法，分为室内篇和室外篇。这些游戏都是好爸爸最应该和孩子一起做的事情。虽然它们平凡、简单，但是孩子们都很喜欢，如果爸爸们能抽出时间多陪陪孩子，孩子们一定会回馈给爸爸们一个大大的惊喜。

目录

contents

Part 1. 孩子不勇敢？爸爸和孩子玩“勇敢者游戏”

Part 2. 孩子不喜欢尝试？和孩子一起玩“想象力游戏”

Part 7. 孩子太贪玩？爸爸陪伴孩子学习的方法很重要

Part 8. 孩子习惯不好？爸爸的陪伴同样重要

Part 1.

孩子不勇敢？爸爸和孩子玩“勇敢者游戏”

每年带孩子去一次游乐场，鼓励孩子参加他们害怕的项目

耐心解答孩子的问题，爸爸要和孩子一起探险

教孩子游泳或者和孩子一起学游泳

好爸爸不分天气冷暖都要和孩子坚持户外活动

孩子参加竞赛，爸爸要有正确的认识

带孩子看一场体育赛事，感受现场气氛

不要过度保护孩子，从淋雨开始教他们勇敢

爸爸和孩子这样玩雪更尽兴

做个“老顽童”，和孩子一起玩得大汗淋漓

每年带孩子去一次游乐场，鼓励孩子参加他们害怕的项目

很多孩子喜欢惊险和刺激的游戏。《爸爸去哪儿》在沙坡头那一期，爸爸带着孩子们玩滑沙，孩子们很高兴。如果在城市里没有滑沙的场地，爸爸们不妨带孩子体验另一种惊险刺激的游戏——过山车。

嘟嘟早就听说坐过山车既惊险又刺激，但是一直没有机会感受一下。在一个暑假，他终于有机会和爸爸一起去坐过山车。

在游乐园，嘟嘟一见到过山车那迂回盘旋、惊险无比的轨道，就感到害怕。爸爸鼓励他道："男子汉，不要怕，要勇敢！"但是当嘟嘟听到坐过山车的人们发出阵阵尖叫时，还是不敢上车。

爸爸在一旁耐心地劝说他、安慰他、鼓励他，他鼓足勇气上了过山车，爸爸帮他系好安全带。过山车开动了，起初，车像蜗牛一样慢慢地前进，可是几秒钟之后过山车发出"轰隆隆"的响声，车就像瀑布一样，由上往下运动。

正当他们在很恐惧的时候，车又像孙猴子一样，在空中翻了个筋斗。嘟嘟顿时感到头昏脑涨、两耳生风，分不清东南西北，他和许多游客一样发出阵阵尖叫声。车子还不肯善罢甘休，紧接着，又在空中拧起了“麻花”，他感到整个人好像要被抛出去了。之后，过山车终于驶入了和平地段，到达了终点。

在孩子的眼里，爸爸是勇敢和坚强的典范，有爸爸在，孩子就有了勇气和底气，也有了安全感。在培养孩子勇敢的性格和坚强的品质方面，爸爸具有妈妈取代不了的作用。所以，爸爸们应该多找机会和孩子一起参加惊险刺激的活动，比如过山车，让孩子享受一下冒险的感觉。

很多孩子，特别是女孩子，胆子比较小，这与他们长期生活在家人的呵护下有关。如果爸爸们不利用空闲时间，锻炼孩子的胆量，孩子的胆小问题可能会越来越严重，甚至将来会变成一个“胆小鬼”，而玩过山车就是一个锻炼胆量的好方法。

其实，陪孩子玩过山车不但可以锻炼勇气，感受惊险刺激，还能让孩子在高空俯瞰周围的景物，让孩子知道在不同的高度有不同的视觉效果。同时爸爸可以告诉孩子：“站得高才能看得远，所以必须要有眼光、有远见。”

孩子天生具有尝试和探索的欲望，不过有时候因为缺乏勇气，而不敢尝试。这时候，如果勇敢的爸爸站在孩子身边，并给予孩子鼓励，无疑会给孩子注入强大的精神动力。这能很好地锻炼孩子的胆量，培养孩子勇敢的性格。

会玩的爸爸来支招：

面对高空中的过山车，孩子们既有迫切尝试的欲望，又有胆怯退缩的表现。对于孩子的这种矛盾心情，爸爸要本着理解的态度，耐心地引导孩子坐上过山车。

过山车是一项惊险而刺激的活动，爸爸陪孩子一起玩，能让孩子有安全感，使孩子勇敢的品质得到提升，这对培养孩子的冒险精神和勇气有重要的意义。当然，如果孩子特别害怕，爸爸也没必要强迫孩子坐过山车，否则会给孩子带来精神压力，这会为孩子的成长带来不利影响。

必要的装备：

在坐过山车之前，爸爸们应注意让孩子少吃点儿东西，免得下来后出现呕吐的现象；也不要让孩子喝饮料，不然过山车从最高点俯冲下去的时候，孩子很容易反胃。如果孩子实在胆小，应让孩子闭上眼睛、捂住耳朵，不然孩子可能会因为接受不了强烈的惊险刺激而情绪失控。还应让孩子把鞋带系紧，以防止鞋子在过山车高速运转的时候被甩掉，对其他人造成伤害。坐过山车时，可以鼓励孩子大声尖叫，以免恐惧感郁结在胸，对孩子造成伤害。

让游戏更尽兴：

很多爸爸没有认识到冒险活动对孩子成长的重要性，当孩子在探索一些陌生的事物，特别是接触一些看上去有些危险的事情时，爸爸常常会面带恐惧地告诉孩子：那里不能去，太危险了；这个地方不能待，不安全……这样下去，只会使孩子没有勇气去尝试新事物，孩子的冒险精神也会被吓跑。

孩子不能没有冒险精神，否则他们就容易墨守成规，缺乏创造精神，很难有创造性的发明。所以，爸爸不仅要鼓励孩子去冒险，还要陪孩子去冒险。

耐心解答孩子的问题，爸爸要和孩子一起探险

苏浩和爸爸来到一个路口，他看到有一条小路若隐若现，似乎在召唤着他前进。正当他向那条路望去的时候，爸爸对他说：“孩子，那条路好像很久没人走了，你想不想去试一试？”

苏浩略显担心地说：“是不是很难走呢？我怕摔跤。”

爸爸说：“是有点难走，但是沿途有很多美丽的野花，你想不想采几朵回来送给爸爸妈妈呢？”

苏浩说：“那好，我去采几朵花回来。”

爸爸说：“孩子，我相信你能采到最美的花，去吧，爸爸在这里等你。”

苏浩拍拍胸脯说：“放心吧，我一定会顺利走回来的！”

就这样，苏浩走上了那条路，并采回了色彩绚丽的野花。

也许有很多父亲想用自己的经验告诉孩子什么不能做，什么能做，但是孩子们更希望的是能自己去探索、去感悟。随着孩子年龄的增长，他们会产生摆脱各种束缚和依赖、独立自

主的愿望。他们开始喜欢探索各种事物，并努力从中寻找问题的答案。也许在父亲看来，那些都是冒险的、荒谬的行为，但是孩子却固执地坚持。

探索精神既表现在行动上，也表现在思维、想法上，比如一些孩子总有问不完的问题，面对书本上固有的答案，他们总是提出各种质疑，甚至还会说出一些令成人感到荒谬的言论，虽然孩子的行为看似幼稚，但那确实是一种积极的探索行为。

会玩的爸爸来支招：

生活中很多正常的现象都能引起孩子的兴趣，如果你经常为孩子展示这些现象，那孩子就会受到深刻的教育，这比任何教科书或电视教育片上讲述的都要深刻得多。比如，让孩子在放大镜下看看他的手掌，让孩子知道什么是指纹；与其向孩子解释什么是霉，不如让孩子看看受潮的面包上的霉点；如果你和孩子参观博物馆或科技馆，请不要规定孩子的路线，让孩子带着你走，这样就知道孩子最感兴趣的是什么了。

孩子天性好奇，富于探索精神。当孩子充满好奇地去探索时，不要无情地阻止孩子，否则就会束缚孩子的手脚，扼杀孩子的探索精神。爸爸应该让孩子在观察事物中学会发现问题，接触的事物多了，孩子就会产生更多的新想法，探索精神和创新思维就能得到发展。

必要的装备：

孩子小的时候，聪明才智显露不出来，爸爸要尽力满足他在知识、能力、判断力方面的自尊心，避免让孩子觉得自己是个“傻子”，不要对孩子说这样的话：“你这个都不懂！”“你不懂，听我来告诉你！”而应虚心地向孩子问问题，比如说：“我想，这个问题你是了解的，请你谈一谈你的看法。”这样一来，就保护了孩子的自尊心，孩子会尽力探索问题，为你解答。

让游戏更尽兴：

很多爸爸都厌烦孩子不停地问问题，这是大错特错的，因为那会压抑孩子的求知欲。正确的做法应该是孩子问什么，就答什么、教什么，绝不能嫌麻烦，敷衍塞责，应付了事。

教育家陶行知说过：“小孩是再大不过的发明家。”他提醒家长：“发明千千万，起点是一问。人力胜天公，只在每事问。”可见，孩子的探索精神与发问有密切的联系。虽然孩子提出的问题，爸爸不一定全能回答，但是可以告诉孩子：“你问的这个问题我不知道答案，但是我们可以通过努力来找到答案。”这样可以极大地诱发孩子探索的欲望。

教孩子游泳或者和孩子一起学游泳

炎热的夏天到了，一个周六，爸爸决定陪儿子去游泳馆。买票、进场、做热身运动、换泳衣，这一套程序下来，就花了10分钟，儿子早就不耐烦了，急得像热锅上的蚂蚁。爸爸从更衣室里出来时，儿子已经下水了，不见人影。

因为天热，游泳的人很多，游泳池里好像下饺子一般，到处挤满了大人和孩子。爸爸站在水里眯着眼仔细观察，心里很着急，突然发现儿子正立在浅水区的水里，双手拍打着水花瞧着他直乐。

事实上儿子还不太会游泳，甚至还不太敢把头闷在水里。站在水里时，爸爸告诉他："先观察一下别人是怎么游的，慢慢学就会了！"过了一会儿，儿子就非常兴奋地对爸爸说："爸爸，瞧，我已经会潜水了！"说着就捏住鼻子，潜入水下。一会儿工夫，他就冲出水面，露出得意的表情。

爸爸在儿子旁边仰在水面上，儿子一会儿学潜水，一会拍打着水花，还蜷缩着双腿，用双臂学爸爸的姿势，玩得很开心！可是爸爸就一点都不轻松了，他要时刻注意着儿子的安全，比自己游要累多了，但是，看到儿子那么高兴，爸爸觉得，自己的操心是值得的。

和孩子一起去游泳，爸爸们不但可以释放工作中的压力，消除生活中的烦恼，还能通过游泳增强身体素质。对孩子来说，有爸爸的陪伴，学习游泳也会更加有信心。当孩子和爸爸在游泳池嬉戏时，孩子的心灵得到释放，同时还能享受乐趣。

会玩的爸爸来支招：

喜欢水是孩子的天性。因为孩子喜欢玩水，爸爸更应该让孩子掌握游泳这项求生技能。孩子5岁之后，理解和解决问题的能力有了一定的发展，比较适合学习游泳。教孩子学习游泳要有耐心，要注意循序渐进，逐步适应，切勿操之过急。一次下水时间不宜过长，以防着凉感冒。

必要的装备：

爸爸要选择安全的游泳池游泳；事先要让孩子吃点东西，不能饿着肚子去游泳。除了要带泳衣、泳镜，爸爸还要注意，在露天泳池要给孩子擦防晒霜。

让游戏更尽兴：

水有柔顺的一面，也有凶恶的一面。游泳的时候，爸爸们千万不能像孩子那样玩得忘乎所以，忽视了孩子的安全。

首先，尽量不让孩子离开你的视线，要时刻关注孩子。游泳前，应让孩子做好准备活动，慢慢入水以适应水温。告诉孩子：“抽筋的时候，应镇静不要慌张，保持身体平衡，尽可能慢慢向岸边靠近，同时呼救。”

其次，预防孩子恶心呕吐。当水呛到鼻子、喝到水或者有疲乏感时，容易发生短暂性反胃，需及时上岸歇息一下。孩子游泳时如果耳朵进了水，可以把头歪向耳朵进水的一侧，用力拉住耳垂，让水流出来，还可以用消毒棉签送入耳道内将水吸出。

如果孩子身上有开放性的伤口或皮肤病时，最好不要下水。另外饭后一小时之后才能下水，太饿时也不宜下水。

好爸爸不分天气冷暖都要和孩子坚持户外活动

春天来了，爸爸妈妈准备带着淘淘去爬山。出发前一天，爸爸让淘淘早点休息。第二天一大早一家人就开车朝目的地驶去。

进山后，他们三人顺着登山的路往上走，爬了不到15分钟，爸爸妈妈的体力就跟不上了。但是淘淘却活蹦乱跳的，一会儿爬到路边的石头上要爸爸给他照相，一会儿又趴在路边观察虫子。

当孩子观察虫子的时候，爸爸妈妈就坐在路边歇息。他们就这样慢慢地向山顶进发。一路上爸爸给淘淘讲关于这座山的故事、传说，让淘淘了解这座山的历史。到达山顶后，爸爸还把杜甫的诗教给淘淘：“会当凌绝顶，一览众山小。”并告诉淘淘：“你征服了这座高山，你是成功者。”得到肯定和表扬的淘淘非常兴奋，丝毫没有疲惫的感觉。下山的时候连跑带跳，一家人快快乐乐地回家了。

爬山是一项很费体力的运动，和孩子一起爬山，可以磨炼孩子的性格，锻炼孩子的毅力，有助于孩子形成坚韧不拔的品质；爬山可以锻炼脚力，令孩子的双脚灵活有力；爬山可促进毛细血管功能，使人感觉全身舒爽通畅。

爬山可以让人享受“森林浴”。有山的地方通常就会有树木，还很可能会有溪水，山上有鸟儿和虫子，这些对孩子都很有吸引力。对于成人来说爬山可以静思养神，全身沐浴森林的精气和香气，洗净城市尘嚣，令人心旷神怡。

爬山可以明显提高腰、腿部的力量，锻炼耐力、身体的平衡协调能力等，还能加强心、肺功能，增强抗病能力。“久在樊笼里，复得返自然。”很多人爬到山顶之后，尽情地呐喊，这样可以很好地宣泄不良情绪。

在爬山的时候，爸爸要让孩子控制好爬山的节奏，别让孩子跑动。因为山路不平，容易摔跤。如果没有掌握好爬山的节奏，时快时慢，会使身体不适。当停下准备休息时，不要马上坐下，应站一会儿再坐下。更不要躺倒休息，也不要脱衣服，防止着凉。特别在爬山途中必须要让呼吸节奏保持平稳，不要大口大口地呼吸。

会玩的爸爸来支招：

带着孩子去爬山，可以丰富孩子的假期生活，增加孩子的新鲜感，同时也可以开阔孩子的视野，锻炼孩子的身体，培养孩子勇于战胜困难的品质。在爬山途中，爸爸要与孩子进行交流，可以山为话题，向孩子介绍山的传说、山的形成、山的伟大、山的构造等方面的知识，使孩子对大山充满探索的愿望。

必要的装备：

爸爸要准备好充足的水和高热量的食物，以便在爬山过程中及时补充能量。另外，山里的温度会比较低，爸爸要为孩子准备好合适的衣物。

让游戏更尽兴：

在爬山过程中，总能遇到奇特好玩的事情，这对孩子来说可以起到很好的放松作用。说起爬山，我们首先会想到亲近自然，享受大自然的恩赐，但是爬山也存在危险，这就需要爸爸在带孩子爬山的时候，向孩子讲明规则，提出注意事项和相关要求。比如：穿舒适的鞋子，胶鞋和旅游鞋最好；要穿宽松透气的休闲服装和运动服装；要随身携带充足的水或饮料，以免山上没有水，口渴难耐。还应准备必要的食品，如面包、橘子、汽水、蛋糕、话梅等。准备有关的物品，如擦汗的毛巾及坐下休息时所用的纸张、塑料布等。别让孩子攀折树枝、花草，要让孩子学会爱护小动物。爸爸要与孩子一起欣赏山景，观察山石、山林、山顶。

孩子参加竞赛，爸爸要有正确的认识

暑假的一天，汪先生驱车带着孩子到当地一所重点中学参加少年宫组织的国画比赛。作为家长，那种激动的心情，可想而知。所以，在激动之余，汪先生还有一种期盼。孩子却表现出异常的平静，可能是初生牛犊不怕虎的缘故吧。

家长与带队老师忙前忙后，领取参赛证，熟悉考场，安顿孩子入场，之后监考老师让家长撤离考场。由于外边一直下着雨，很多家长只能在学校的楼道口等待。在闲暇的时间里，他们交流起来。

有的家长说带孩子来参加国画比赛，一定要拿奖回去，不然枉费自己的苦心培养；有的家长吹嘘自己的孩子一定会得一等奖，而汪先生表示希望孩子正常发挥，得不得奖并不重要。

之后汪先生悄悄地来到考场后面的玻璃窗口，看到儿子正在那里认真地画画，完全没有怯场的表现，汪先生的心一下子释然了。这时，孩子发现了爸爸，他将自己完成的作品高高举过头顶……结束赛事的钟声响了，孩子们一个接一个地走出来，脸上挂着胜利的喜悦。汪先生看到了自己的孩子蹦蹦跳跳地来到自己身旁，完全忘记了自己刚刚经历过一场比赛。

考场之外，有的家长逼问孩子画得怎么样，有的家长试探孩子能取得第几名，而汪先生只是牵着儿子的手，有说有笑地上了自己的车。父子俩高兴地聊起了今天比赛孩子做得好的地方和不好的地方，并且讨论以后怎样才能做得更好。

竞赛是一个交流和学习的过程，爸爸应该让孩子充分利用这个机会进行学习。孩子在竞赛过程中会接触到很多竞争对手，爸爸要鼓励孩子向竞争对手学习，借鉴别人科学的学习方法，从而不断提高自己的学习效率。

竞赛可以激发孩子的潜力，能让孩子体验到胜利的喜悦和失败的痛苦，磨炼孩子的意志和提高心理素质，还能培养孩子的团队协作精神。竞赛对孩子的成长与成才很有帮助，有人说："经常参加竞赛的孩子，你不想让他出类拔萃都难。"

对于竞赛，很多家长都有自己的看法，有的家长认为孩子学习压力大，如果参加竞赛，弄不好会影响学习，得不偿失；有的家长说，万一竞赛失败，孩子会很受打击，影响孩子的心情；也有家长很赞同孩子参加各类竞赛。

很多家长让孩子参加竞赛，是想让孩子拿冠军；也有的家长让孩子参加竞赛，是为了让孩子体验一下竞赛的氛围。专家认为，让孩子多参加比赛有很多好处，比如能激发孩子的潜能、培养孩子的竞争观念，等等。

会玩的爸爸来支招：

只要参加竞赛，就有成绩和排名。很多家长鼓励孩子参加竞赛，带有强烈的功利性，只是希望孩子获得好成绩和好名次，而忽视了比赛的本身价值——增长知识、提升能力。长此以往，孩子在比赛的时候就可能会背负压力，无法轻松享受比赛，这就不利于孩子快乐成长。因此，家长不能过分在乎孩子参加竞赛时所取得的成绩。

必要的装备：

参加竞赛时，孩子会产生紧张感和压迫感，但是有了爸爸的陪伴和鼓励，这种感觉会有所缓解，孩子能更加自信地参加竞赛。

在备赛过程中，孩子必然要去查找相关的资料，了解相关的知识，并会为此开动脑筋，积极想办法。其实，在这个过程中，孩子的学习热情会得到有效的激发。有些孩子有“磨蹭”的毛病，如果爸爸善于利用比赛带来的竞争气氛激励孩子，孩子的积极性就很容易被调动起来。

让游戏更尽兴：

爸爸们应该明白，让孩子多参赛不是为了追求名次和功利性的结果，而是让孩子通过比赛提高自己的能力，更为重要的是让孩子学会面对竞争、面对失败。

带孩子看一场体育赛事，感受现场气氛

蔡鹏带儿子观看了乒乓球比赛后，问儿子：“你看完比赛有什么想法，从中学到了什么？”儿子说：“我觉得失败者好丢脸，我要向胜利者学习。”

蔡鹏皱了皱眉，又对儿子说：“你没看到失败者在比赛中努力拼搏，想反超比分吗？”儿子说：“看到了，但他最后还是失败了。”蔡鹏说：“是的，他是失败了，但他那种拼搏的精神是不是值得我们学习呢？假设他不拼搏，会输得更惨。”儿子似乎明白了什么，说：“嗯，好像真的是这样，那我也要学习失败者的拼搏精神。”蔡鹏满意地点点头。

在一个温和的、暖洋洋的日子里，跟爸爸一边看体育比赛，一边吃着鲜美的食物，这对任何一个孩子来说都是一次奇妙的经历。如果你希望孩子从体育比赛中受到启发，甚至爱上运动，那么带孩子去看体育比赛吧。

统计显示，经常（指一年六次以上）跟随父母或与小伙伴观看体育比赛的儿童约占四成。这是一个好现象，因为体育比赛能给人带来激动人心的感受，也能够让人热血沸腾。

美国北卡罗来纳大学心理健康专家丹尼尔古德教授长期研究观看体育比赛对少年儿童精神健康的影响。他认为，如果家长或老师不正确引导孩子观看比赛，那么对孩子的心理成长、人格形成会起“负面作用”。

可见，早期帮助孩子树立正确的观赏价值观对孩子的精神健康尤为重要。如果让孩子有一个良好的开端，孩子就不会片面地以成败评论一场比赛，那么孩子误入歧途的危险就会小得多。那么究竟如何引导和教育孩子观看体育比赛呢？

要改变孩子观看体育比赛“以胜败论英雄”的心态，树立有积极意义的价值观。调查显示：很多孩子看比赛时只关心谁是金牌获得者，谁进球了，至于比赛是否公平合理、运动员的道德风格是否高尚、观众的反应是否积极等，他们根本不关心。其实在比赛中，输赢固然重要，但是如果孩子过分看重比赛输赢却是不正确的，甚至是危险的。因为孩子的公平观念、文明风范不是与生俱来的，而是需要通过观看比赛来引导的，这样孩子才会树立正确的价值观。

会玩的爸爸来支招：

现场观看体育比赛和从电视上看比赛的效果是截然不同的。如果条件允许，爸爸要尽量带孩子去现场观看体育比赛，孩子一定能从中学到很多东西。

观看比赛既是一种乐趣，又是一种学习的途径。它能告诉孩子如何正确地观看比赛，让孩子学会遵守比赛的纪律，感觉并聆听赛场上运动员的激情和呐喊，学习运动员处理比赛过程中遇到困难的应变方法，继而运用到自己的生活和学习中。

必要的装备：

爸爸要经常关注各个比赛赛事，提前买好票，到时候准备一些水和孩子一起去观看比赛。如果孩子不了解这项运动，那么爸爸最好事先给孩子讲讲该项运动的规则。孩子们只有能看懂比赛，才能真正体会到观看比赛的乐趣。

让游戏更尽兴：

当爸爸和孩子一起观看比赛时，不妨有意向孩子提出以下问题：运动员是否很投入？是否在尽力拼搏？是否表现出“胜不骄，败不馁”的体育精神？比赛是否公平？观众的表现是否文明？这些问题不仅可以增加孩子对体育比赛的持久兴趣，而且还可由此完善孩子的人格，提高孩子的品质修养。

不要过度保护孩子，从淋雨开始教他们勇敢

《爸爸去哪儿》在拍摄时，好几次赶上了下雨。云南那场，孩子们在雨天追逐天鹅，是不是别有一番乐趣呢？只要雨下得不是太大，爸爸就可以带着孩子在雨天走出去，和孩子一起探访大自然。

鹏鹏特别喜欢下雨天。今天周日，早晨起来天空就下起了小雨。鹏鹏想去雨中走走。奶奶听见了极力阻止，怕孩子淋

雨感冒。鹏鹏的爸爸却说，让孩子淋淋雨没事，穿厚点，然后再披上个雨衣，不会生病的。爸爸说完就带上穿着雨衣和厚厚衣服的鹏鹏出发了。

爸爸和鹏鹏一起走到了森林公园。公园里因为雨水的滋润，空气非常新鲜。俩人大口大口地呼吸着新鲜空气，感觉到了前所未有的轻松和惬意　鹏鹏一路都蹦蹦跳跳的，不断溅起小水坑里的水，虽然穿着雨鞋，还是弄湿了裤子。但是他一点都不在意，他对爸爸说，他是小男子汉，这点困难没什么可怕。爸爸听完高兴地笑了。

父子俩又跑到人工湖旁边，看着小雨滴滴在湖面上溅起的水晕，俩人都感叹，雨天的大自然真是太美了。

孩子生来就对天气充满好奇心，特别是在下雨时，看着从天上落下来的满地水珠儿会特别兴奋，总想用小手摸一摸，用小脚踩一踩。为了满足孩子的好奇心，爸爸不妨在下小雨的时候，让孩子感受一下淋湿的感觉。游戏之前，要准备好适合孩子用的雨伞、雨衣以及雨鞋，如果气温低的话还要戴上手套与围巾等。在下小雨的时候，带着孩子到楼下的院子里或小区的空地上，让孩子身临其境地感受一下雨天。如果下的是细雨，还可以让孩子置身雨中，体验一下细雨淋湿身体的感觉，但如果雨下得稍大，就要穿上雨衣或撑起雨伞。这时可以让孩子看看雨点打到伞上的样子，还可以让孩子伸出小手让小雨点落在小掌心里，也可以让孩子穿上雨鞋踩一踩地面上溅起的小水花。

会玩的爸爸来支招：

等雨停后，还可以让孩子用小铲子等挖条小水渠，让雨水排到小沟里去，也可以让他用手把花草、树叶上的雨水珠儿撸下来，或在小水塘里放一只玩具船儿等，让孩子通过这些方式尽情感受下雨带来的快乐。总之，下雨对孩子来说可是一件非常可爱的事情。

必要的装备：

雨伞、雨衣、雨鞋，手套与围巾，如果孩子喜欢玩水，爸爸还可以提醒孩子带上水枪、小桶等东西。

让游戏更尽兴：

下雨时和孩子一起赏雨，这时空气中的负离子含量很高，人的心情也会变得轻松。不过，下雨虽然很好玩，但当孩子生病或身体不适时却不宜玩这个游戏，以免着凉导致病情加重。

爸爸和孩子这样玩雪更尽兴

有哪个孩子会不喜欢雪呢？《爸爸去哪儿》的最后一个拍摄地雪乡就是一个雪的王国。孩子们在这里滑雪橇、打雪仗、堆雪人，虽然天气寒冷，但是孩子们的快乐丝毫没有受到影响。如果没有雪，在寒冷的冬天就少了很多快乐。

傍晚，大片大片的雪花从昏暗的天空中纷纷扬扬地飘落下来，不一会儿，屋顶上、大地上全白了。儿子趴在窗户上目不转睛地看着窗外，他只希望第二天早点儿到来。

第二天清晨，儿子早早地醒来，敲着爸爸妈妈的房门，大声喊着：“爸爸，爸爸，雪停了，我们去堆雪人吧？”爸爸很有兴致地爬起来，却发现天还是灰蒙蒙的。没办法，既然起床了，只好和孩子准备堆雪人的工具和材料。他们很快就准备了一把铲子、两块木炭、一根胡萝卜、两把扫帚。

这时候，天亮了一些。他们来到雪地里，铲雪、扫雪，滚雪球，最先堆起了一个身子，又堆了个脑袋，放在身子上。然后爸爸指导儿子，用两块木炭当作雪人的眼睛，再把胡萝卜当作雪人的鼻子，安在雪人的脸上。最后，儿子给雪人画了一个大嘴巴，爸爸又将两把扫帚放在雪人的两旁，充当雪人的左膀右臂。

就这样，一个漂亮的雪人堆好了，看着儿子开心的样子，爸爸也非常满足。

提起雪，我们就会想起它那纯洁无瑕的样子，纯白，没有一丝的污垢，这是孩子们颇为喜爱的东西。当孩子早上醒来，看到窗外一片白茫茫的景象时，一定会心情激动地难以控制，他们根本不在乎天是不是很冷，也不在乎地面是不是很滑，只想在雪地里尽情嬉戏，打雪仗、堆雪人。

当你和孩子将洁白的雪堆制成一个人形的艺术品时，不仅可以观赏，还能训练孩子的手艺、锻炼孩子的身体。在下雪天里，要让孩子扬手轻托雪花，享受雪花的柔软与飘逸，品味雪天的清新与芳香，感受大自然的奥妙。

会玩的爸爸来支招：

爸爸可以和孩子一起玩的几种游戏：

1. 坐雪橇

坐雪橇是一种让人开心的游戏。孩子坐雪橇时，爸爸不仅要充当孩子的舵手，还要用温暖的双臂给孩子拢出了一个安全的港湾。

要注意的是，一定要到正规的场所并且要在规定的范围内进行活动。因为孩子控制方向的能力较弱，在坐雪橇的过程中容易和别人相撞，或是自己发生侧翻，所以5岁以下的孩子不能一个人坐雪橇。要让孩子面向雪橇前进的方向坐，不要平躺着或者将身体探出雪橇。否则，头部和腹部很容易受伤。不要试图把雪橇当成碰碰车，因为这样很容易造成伤害。要注意和前边的人保持距离。事先告诉孩子遇到危险时应采取的对策。

2. 滑雪

滑雪是如今正在流行的一种时尚。而且现在有些滑雪场还开辟了幼儿专用道。小家伙们也有机会体验一下滑雪的乐趣。不过，滑雪对他们来说可算是极具挑战性的项目了，所以，爸爸一定要加倍小心。

孩子应该先在没有坡度的地方多练习，等到可以熟练掌握变换方向的技巧后再去“实战”。要让孩子记住，一定要和爸爸在一起活动，不要单独滑雪，尤其是在山上。

尽量利用幼儿专用道。去滑雪场时，应尽量选择幼儿专用道。因为它不仅距离短，倾斜角度也小，更为安全。另外，周围的挡板也更柔软，即使不小心撞上去也不会给孩子带来严重的伤害。

3. 溜冰

溜冰已经成为很多小朋友的才艺必修课。当爸爸陪同孩子去冰场的时候，基本的安全叮咛还是必不可少的。

最好选择室内的专业溜冰场，如果是在室外活动，首先要确保冰面及运动设施的安全。

不要让孩子单独在自然的冰面上溜冰。一定要跟别人走一个方向，不要逆行，不要在人流中飞快地穿行。特别要注意和前边的人保持一定距离。爸爸还要告诉孩子遇到危险时应采取的对策。比如，快要撞到别人时，如何安全、迅速地让自己停下来。坐雪橇或是滑冰半小时后，就要休息10分钟，可能的话还应喝点热饮。这样，才不会使身体过于疲劳。

必要的装备：

虽然在堆雪人的过程中，雪人的脸是最难弄的，但是孩子们通过发挥自己的聪明才智，总能找到适合的材料，让雪人的脸栩栩如生。

身为爸爸，在堆雪人之前要准备这样一些工具，比如铲子、扫帚、树枝、松果、石头、瓶盖、纽扣，等等。这样便于将雪人塑造得更生动逼真。

另外，爸爸和孩子在雪地里堆雪人时，要注意给孩子保暖。孩子的衣服应该穿多少，怎么穿，是每个爸爸需要注意的细节。除此之外，还要随时提醒孩子不要过久地停留在室外，孩子都是贪玩的，而且玩起来就会毫无顾忌。因此一定要定时提醒他们进屋取暖。

让游戏更尽兴：

孩子打雪仗时，爸爸应该告诉孩子：雪球不要团得过硬，也不要朝人的脸、头上打；跑动追逐时，不易太快，以防滑倒磕伤。

冻僵的手不要马上在火上烤，如果马上烤，皮肤就会生疮。可双手用力搓动，使之发热。

玩雪工具用完后应放在妥善的地方，防止孩子绊倒磕伤。

教育孩子不要吃雪。因为雪里掺杂许多尘土或细菌，吃雪是不卫生的。

做个“老顽童”，和孩子一起玩得大汗淋漓

孩子们都喜欢踢球，在《爸爸去哪儿》节目中，几个爸爸和孩子在海边玩沙滩足球，小朋友们非常高兴。孩子们的童年都离不开体育运动，爸爸们如果能和孩子一起学习一种体育技

能，有空的时候和孩子一起玩一玩，会带给孩子无尽的欢乐。

锐锐特别爱踢球，可最近他很烦恼：“妈妈现在不准我去踢球。”妈妈也一肚子苦水：“锐锐每次踢球回来，胳膊上、腿上老是有淤青，我很担心他受伤。”但是爸爸私下里对锐锐说：“锐锐，爸爸周末带你去踢球，怎么样？”锐锐听了这个消息，甭说有多高兴了。

第二天，爸爸带着锐锐来到球场，和孩子在草坪上尽情地抢球、射门，他们不知不觉玩了一个上午。中午回家时，他们俩全身汗淋淋的。妈妈看到这对玩疯了的父子，只好笑着摇了摇头。

我们知道，孩子玩心很大，每天他们都会尽兴地玩，有时候如果你不喊他回家吃饭，他可能玩得忘记了吃饭。这种玩得酣畅淋漓的感觉，对孩子来说是一种享受。对于很少能长时间陪孩子玩的爸爸，不妨偶尔陪孩子玩得尽兴、玩得失态、玩得累到不能动弹，这将会成为你和孩子最值得回忆的美好事情。

类似的室外活动不仅能让孩子呼吸新鲜空气，而且能促进孩子身体的生长发育。让孩子把球从一个地方踢向指定的地方，不仅能训练孩子“击中”目标的准确性和短跑能力，还能使孩子的全身得到运动。

另外，爸爸还可以和孩子玩单杠、双杠、吊环、秋千之类的项目，爸爸把孩子抱起来，让他抓紧杠、环或链子，然后身体前后摇摆，也可轻轻地推孩子，助他一臂之力；稍大一点儿的孩子可以让他用手撑住杠子一点点移动身体，也可以自己用力荡秋千。这对锻炼孩子的臂力、攀爬和四肢的协调能力很有帮助。

会玩的爸爸来支招：

玩得大汗淋漓是一种释放，这对于学习任务繁重的孩子来说是有益的，对于工作压力、生活压力繁重的爸爸们来说也是有好处的。而且和孩子玩的时候，爸爸们能忘记烦恼，完全被孩子的无忧无虑感染，像是回到了自己的童年一样。那种快乐的感觉、那种童年的心情，是很难在忙忙碌碌的日子里找到的。

必要的装备：

必要的体育器材，比如球、跳绳、毽子等。还要找好场地，不要在马路边上玩，玩的时候要注意安全。

让游戏更尽兴：

爸爸偶尔可以做一个“老顽童”，陪孩子疯狂地玩。让孩子体会玩得很尽兴、玩得很享受是一种什么感觉。这种经历将会成为你和孩子难忘的美好记忆。

不管爸爸和孩子玩什么，关键是要玩得痛痛快快。毕竟，生活中，爸爸们多数忙忙碌碌，能和孩子玩的机会并不多。这就更需要爸爸们抓住和孩子玩的机会，边玩边聊天，了解孩子的想法，让孩子知道爸爸虽然很忙，但是时刻都在关注他。

Part 2.

孩子不喜欢尝试？和孩子一起玩“想象力游戏”

找一个好天气，和孩子一起画画

暑假里的一天，天气很好，爸爸陪东东到公园写生。看到湖面上有几只鸭子，爸爸对东东说：“儿子，你把鸭子画出来，好不好？”东东爽快地答应了。

随后，爸爸帮儿子展开画架，帮孩子调配颜料，东东有模有样地画了起来。看着儿子认真的样子，爸爸在一旁不停地称赞儿子画得好。可是让爸爸没想到的是，几分钟后，东东只画了一个鸭屁股和一只小鸭子。爸爸有点儿不理解，忙问：“你想画什么呢？”

东东兴奋地说：“爸爸，我画的是一个鸭爸爸和一个鸭宝宝，它们一起出去玩，小鸭子和爸爸失散了，就问一只乌龟叔叔：‘你好！请问你有没有看到我的爸爸？’乌龟叔叔说没有看到。小鸭子又问青蛙伯伯：‘你好！你看到我的爸爸了吗？’青蛙伯伯也说没看到！最后小鸭子找啊找，终于在湖边找到了自己的爸爸。原来，爸爸在湖里潜水，只露一个屁股在水面上。”

这时，爸爸才明白，忍不住赞叹道：“东东，你的想象力太丰富了，这幅画很有创意。回家我要给你裱起来，挂在客厅的墙壁上，让大家都来欣赏你的作品。”听到爸爸对自己的肯定，东东特别高兴。

不管男孩还是女孩，他们都和画画有着不解之缘。孩子好奇心强烈，想象力丰富，让孩子画画，可以使孩子把自己所想的东西画出来。或许有时候孩子画得并不好，画得很离谱，但是作为爸爸，你都应该对孩子表示肯定和赞扬。

当然了，不是每个孩子都有绘画天赋，但是他们都喜欢到处涂着玩。因为孩子们具有丰富的想象力。爸爸陪孩子画画的时候，千万不要带有功利性，不要对孩子的涂鸦作品予以打击，而要看重画画本身给孩子带来的快乐体验。

作为爸爸，无论你对孩子的画是否满意，首先都应该对孩子的能力表示认可。如果孩子确实画得不错，你不应该吝惜赞美之词。给孩子赞扬，可以激发孩子的绘画兴趣，对开发孩子的想象力很有帮助。如果孩子画得不好，爸爸也应该先认可孩子，然后再给予适度的指点和帮助。

当孩子从你的脸上看到了赞许和肯定时，他的自信心也会大增。

会玩的爸爸来支招：

由于孩子缺乏生活经验，对很多东西都没印象，因此孩子经常会遇到一个问题：想要画一个事物，却不知如何表现，这时爸爸要耐心用“言语”来引导孩子画画。爸爸陪儿子钢钢画画，钢钢想画大象，但是他对大象没什么印象，爸爸就和他一起讨论大象的特征，并辅以图片、书籍，加深钢钢对大象的印象，之后钢钢凭借这些印象画出了大象。爸爸对儿子的画感到很满意。

第二天，爸爸带钢钢到动物园观看大象，大大加深了大象在钢钢脑海中的印象。回家后，爸爸鼓励钢钢以基本形状——圆形、正方形、三角形，来描绘大象。“想一想，大象的头和长长的鼻子像什么形状？圆形还是长方形？”“身体又是什么形状呢？”然后和钢钢一起画起了大象。

钢钢在爸爸的指导下，进步很快。

必要的装备：

引导孩子画画，要给孩子提供充足的绘画工具、创作空间和必备的绘画书。

让游戏更尽兴：

爸爸和孩子一起画画，重在参与，要用心走进孩子的画，而不是按照成人的标准去要求孩子。更多的时候，爸爸需要做一个引导者，引导孩子发挥丰富的想象力。然后用心倾听孩子心底的声音。

用橡皮泥和孩子一起做创意手工

冯楠下班回家，看见儿子愁眉苦脸的样子，就问：“为什么不高兴？”儿子一面捏着橡皮泥，一面嘟囔着说：“明天我们班要进行捏橡皮泥比赛。但是咱家又没有养鸡、养鸟、养狗、养猫的，我要捏什么才好呢？刚才我好不容易看到隔壁的小狗，于是我照着捏，可是才捏出一个鼻子，小狗就跑了。”

冯楠笑着说：“来吧，爸爸陪你捏橡皮泥，我们来练习一下。”于是父子俩一人拿着一块橡皮泥，儿子问：“爸爸，你在捏什么？”冯楠说：“我在捏你的玩具熊。”孩子笑了，然后也有了自己的想法，马上捏了起来。爸爸问：“宝贝，你在捏什么？”孩子诡异地笑了，说：“我在捏爸爸的皮鞋。”

之后冯楠还鼓励儿子捏包子、捏饺子、捏勺子，并对其进行了指导。第二天，冯楠一到家，儿子就高兴地对冯楠说：“我今天在捏橡皮泥比赛中得到了第一名，还受到表扬了。”冯楠高兴地问：“你捏的是什么呢？”儿子说：“我捏的是包子。”冯楠又问：“为什么你会得第一呢？”

儿子神气地说：“同学们捏的都是小狗、小猫、小兔什么的。我捏的和大家不一样。老师特别表扬我在家一定帮妈妈干活了，捏的包子跟真的一样，同学们都想吃了！”

橡皮泥之所以能成为孩子喜欢的玩具，是因为它具有较强的可塑性和还原性，生活中我们经常听到家长抱怨孩子爱拆玩具。如果你给孩子一块橡皮泥，让孩子尽情地捏，尽情地“拆”，孩子的小手会越捏越灵巧，思维也会越来越开阔。其实，玩橡皮泥并不是单纯的技巧训练，还是发展孩子综合能力、全面素质的活动，是促进孩子知识迁移能力的综合训练。

和孩子一起捏橡皮泥，虽然孩子只会简单地搓个圆或者粗细不等的长条，在大人眼里，真是平淡得不得了，但是在孩子的眼里别有一番意义。捏橡皮泥是一种创造性的活动，和孩子一起捏橡皮泥，陪伴孩子的同时，也给了孩子鼓励和赞扬。让孩子大胆尝试、积极创造，可以培养孩子的发散性思维。

捏好橡皮泥后，爸爸要鼓励孩子把自己的创作过程讲出来，促进他们想象力的发挥。由于介绍内容是孩子自己的感受和所思所想，他们在活动中也始终处于积极的参与状态，所以讲述时语言也会生动，富有情趣，从而孩子的表达能力也会得到不断的充实、发展和提高，进而促进情商多方面的发展。爸爸在这个过程中也可以了解孩子的生活经验和认识。

会玩的爸爸来支招：

“哟！这团五颜六色的东西是什么呀？有点像……”当孩子捏橡皮泥时，你可以通过这类问题，引导孩子进行思考，从而给出自己的解释。

必要的装备：

玩捏橡皮泥的游戏肯定需要橡皮泥，但是，橡皮泥在空气中放置一段时间就会变硬，在不玩的时间里，应该如何让橡皮泥保鲜呢？

变硬的橡皮泥很难让孩子提起玩的兴趣。所以，爸爸还是让宝贝把玩过的橡皮泥“请”进密闭的容器内吧。还可以将冰箱的冷藏室作为橡皮泥休息的地方，因为冷藏室的温度和湿度适宜，橡皮泥待在那里不会变干变硬。

如果橡皮泥真的变硬了，爸爸们千万不要轻易把它扔掉，可以在变硬的橡皮泥上加点甘油、水，反复捏，慢慢地，你就会发现，橡皮泥又恢复到柔软的状态了。

通常橡皮泥作品的保存时间都不长，但孩子们费那么大力气做出的“大作”，怎么能眼睁睁看着它变质呢，可以试试熬一点糨糊，和透明指甲油以1:1的比例调稀一点均匀涂在作品表面，这样的话，就可以保持一年左右。

让游戏更尽兴：

爸爸可以和孩子自制橡皮泥，这样孩子会玩得更尽兴。

材料：

一杯面粉；1/2杯盐；一杯水，里面加食用色素；一汤匙炒菜油；2茶匙塔塔粉。

方法：

将所有材料在小锅中混合，上火搅拌匀，2分钟即烧熟。随着温度升高，越来越难搅拌。但是放凉后，用手揉面，多揉几下，待面团不粘手不粘锅就算好了。

做好以后揉匀了，装入可以封口的塑料袋里，避免水分流失。

从最简单的开始，和孩子一起玩拼图

段飞在路边地摊上看到一套拼图，是“小猫钓鱼”的图案，于是给女儿买了回来。回家时，正在厨房缠着妈妈的女儿见爸爸回来了，马上跑过来。段飞说：“乖乖，爸爸送你一件礼物。”段飞把拼图给了女儿，同时得到了女儿一个快乐的拥抱。

女儿一会儿看看这块拼图，一会翻翻那块拼图，不知从何处下手。于是段飞提示了她一句：“小猫钓到了一条大鱼，你要把小猫的脸找出来，看看它的表情是怎样的。”

接着段飞又通过这样几个问题点拨了女儿，“小猫的脖子呢？”“哎呀！小猫的脸怎么只有一半呀，另一半在哪儿呢？”只见女儿用眼睛筛选出了问题的正确答案，很快一只可爱的小猫拼起来了。女儿很快就掌握了根据事物的结构、形状、线条、色彩进行拼图的技巧，并且对拼图产生了浓厚的兴趣。

小小拼图，蕴藏大智慧。和孩子玩拼图，可以教会孩子观察和思考局部与整体的关系，让孩子懂得按部就班的重要性，从而训练孩子的思维能力和动手能力。

玩拼图是一项思维和协调能力的综合训练：孩子先要观察范例上的图形，再用脑想，最后动手把不同的图形放在相应的位置上。在这个过程中，孩子的眼、脑、手要一起“动”，哪一个环节也不能偷懒，这对培养孩子的思维能力有很大帮助。如果你在下班后抽时间和孩子玩玩拼图游戏，孩子会非常开心。

会玩的爸爸来支招：

爸爸可以和孩子玩各种各样的拼图，让孩子在享受快乐游戏的同时学会思考。玩拼图可以让孩子了解“部分”与“全部”的关系。在游戏中，爸爸可以让孩子明白多个“部分”能拼组成一个“全部”，以及一个“全部”是由许多“部分”组成的。

拼图是一种平面组合的概念，在局限的平面范围里拼出一个物品，一个合乎逻辑的东西，可以使孩子理解平面组合的概念。孩子需要在观察与判断中学会分类，还需要观察范例上的正确拼法，才能拼出正确答案；玩拼图能增进孩子的手眼协调能力和锻炼孩子的耐心。

必要的装备：

给孩子准备几幅拼图。拼图最好按照难度从容易到复杂的顺序给孩子玩。当孩子拼得不错时，不要一下子增加拼图的难度。这样会使孩子遭受挫折和打击，丧失对拼图游戏的热情。所以在玩拼图时，千万不要高估孩子的能力，要慢慢增加难度。孩子越小，图形块应越少、越大，拼起来相对容易一些；随着孩子慢慢长大，选择的图形块应相应变多、变小，图案也应复杂一些。

让游戏更尽兴：

爸爸们可以按照从简单到复杂的顺序带孩子来玩拼图游戏。

有一天，爸爸买回一幅“中国地图”的拼图，这一幅拼图对于孩子来说难度很大。刚开始，爸爸只让儿子看完整的地图，一段时间后，爸爸调动了其中两块拼图的位置，对儿子说：“你有没有发现这块地图哪里有问题？”已经上二年级的儿子观察了一下，发现了问题，爸爸便让他把错乱的两块拼图放回原位，儿子很快就做到了。

接着，爸爸又移动了四块拼图，让儿子拼回去。这一下，儿子似乎被难住了，抓耳挠腮半天，也没有解决了问题。爸爸提醒了他一下，他马上意识到了，很快就成功地拼好了地图。就这样，爸爸不断增加拼图的难度，让儿子去玩。有时候儿子也会把拼图全部打乱，让爸爸在一定的时间内拼出来。这个拼图给父子俩带来很多乐趣。

之所以要陪孩子玩拼图，是因为父亲的指点对提高孩子的思考和观察力很有帮助。如果孩子独自玩拼图，当他遇到困难时可能会觉得没意思，就放弃了。更重要的是，和孩子一起玩拼图会给孩子精神上的鼓励，孩子会因为有父亲的关注而玩得更加认真。

爸爸和孩子这样玩积木

爸爸给壮壮买了一套积木，壮壮很喜欢，于是把大量的精力花在了摆弄积木上。

一次，壮壮花了很长时间用木块搭了座城堡，其中有城门、城墙、房屋，还做了精致的小桥。

正当他准备叫爸爸来看时，由于过分激动，不小心碰了城堡一下。顿时，城堡倒塌了，还毁掉了他精心搭建的、最令他满意的小桥。顷刻间，他的杰作成了一片废墟。

“爸爸，它毁掉了，是我不小心给毁了。多可惜！它本来那么棒……”壮壮几乎要哭了。

爸爸了解情况后说：“儿子，既然是你不小心，就不要难过。你第一次能做好，第二次一定会做得更好。为什么傻坐在那儿？不如重新做一个，或许会更好呢！”

顿时壮壮欢欣鼓舞。不出所料，小壮壮顺利完成了城堡的搭建，并邀请爸爸欣赏作品。爸爸看了非常吃惊，他没有想到，他的儿子会做得那么完美。

“爸爸，我认为这比前面那个做得还要好些，因为我在第二次搭建的时候做了不少修改，并且做得更快了。”小壮壮自豪地对爸爸说。

有的爸爸，看到儿子精心搭建的城堡因为一个失误前功尽弃，很可能会埋怨孩子：“真没用，怎么能这么不小心呢？”“眼睛长哪里去了？”但是壮壮的爸爸没有这样做，他给孩子鼓励和引导，帮助孩子找回了从头再来的自信。这得益于他扔掉了成人主义，他知道孩子都会有粗心大意的毛病，失手是难免的，所以没有挑剔、没有抱怨。最终，儿子收获了喜悦、收获了自信。

会玩的爸爸来支招：

积木的玩法：

1. 加倍

把两个相同的长方形积木拼成一个正方形，两个三角形拼成一个正方形，两个半圆形拼成一个圆形，等等。这个游戏可以帮助孩子了解不同图形之间相互组合的关系，理解部分与整体的概念。而且在玩的过程中，孩子需要用眼睛观察不同形状的积木是否能对得上，这对观察力的培养很有益处。

2. 对数字

准备一套标有数字的积木。你先根据积木上的数字，按照从小到大的顺序码好几块，然后让孩子根据下一个数字，把相应的数字积木放到上面去。要是放错了积木，或者在放的过程中把原来码好的积木碰倒了，就算输了。这个游戏可以帮助孩子理解数字之间的关系，使孩子对数字概念的理解更加清晰。

3. 组装好了讲故事

准备一套组装类积木，里面有家具、爸爸、妈妈、宝宝等。让孩子按照自己的意愿将积木组装起来，然后用语言讲述一个家庭小故事。妈妈可以和孩子一起编故事。这个游戏还能发挥孩子的想象力。

4. 给小动物搭个家

孩子都很喜欢小动物，可以鼓励他给自己喜欢的小动物搭个家。在搭建过程中要不断给孩子提出新的要求。比如教他多安几个窗户，好让小动物看看外面的景色；搭一个楼梯，让小动物上楼去玩；再搭一张小床，天黑的时候小动物就可以睡觉了。这不仅能激发孩子的创造性和想象力，还可以培养孩子的爱心。

5. 盖房子

利用各种形状的积木来建造房屋。通过用积木盖房子，孩子可以了解简单的建筑方面的原理。比如左右结构对称才好看；在搭好的房子上放一块小的三角形当房顶不会倒，要是放一块大的三角形可能就塌了。孩子从中可以学会比较、对照、总结经验等。

必要的装备：

爸爸要给孩子准备积木，然后还要多考虑几种玩法，带着孩子把积木玩出名堂。

让游戏更尽兴：

积木是一种素材玩具，它由不同几何图形组成。

利用积木玩具可以开展多样化游戏。

首先，它是结构游戏的重要材料，可以作为主要的结构玩具供孩子玩耍。由于积木是素材玩具，一块积木并无意义，只有当这些积木被组合成物体的形象时才能反映生活活动。所以，积木能为孩子提供想象的广阔天地，可有力地促进孩子创造思维的发展，培养孩子的创造能力。

同时，孩子在拼搭积木中，不仅锻炼了手的灵活性、眼手协调性，也为今后学习打下了良好的基础。积木的拼搭是件细致工作，一幢楼房需要几十块积木才能搭成，因而要求孩子认真、细心、坚定地去实现。孩子们在共同建造活动中，还能形成良好的集体意识，增进有关立体造型方面的艺术知识、技能。

自创的玩具更好玩，爸爸尝试和孩子动手做玩具

轩轩最喜欢干的事情，就是和爸爸一起做玩具。在家里，轩轩的玩具堆了好几箱。这些玩具绝大部分是轩轩和爸爸一起制作的，只有少部分是从玩具店买来的。爸爸是个工程师，轩轩也想像爸爸那样成为一位工程师。爸爸告诉他，这需

要非常强的动手能力。现在能锻炼动手能力的方法就是，自己动手制作玩具。其中有一架塑料飞机，是轩轩花了一个星期的时间，用废弃的塑料做成的。

平时只要有空，轩轩就会和爸爸妈妈一起做玩具。现在轩轩已经做了十几种玩具，有汽车、飞机、轮船、鸽子、老鼠等。制作这些玩具之前，爸爸都会教轩轩制作的方法。轩轩的动手能力越来越强了。

动手制作玩具能培养孩子的动手能力和创造力，这对孩子的成长非常有益。

市场的玩具新颖、艳丽，但价格比较昂贵。爸爸们与其花大钱给孩子买，不如花小钱给孩子找来材料，和孩子一起制作玩具。这不仅可以享受天伦之乐，还很有教育意义。

会玩的爸爸来支招：

爸爸可以经常让孩子做一些手工，包括画图、剪纸、折纸等，这能培养孩子的动作协调性。在孩子的操作过程中，爸爸可以给孩子指导和帮助，向孩子传授一些经验和技巧，这能促进孩子创造能力的提高。当你发现孩子有不正确的操作时，应及时予以纠正。例如，要注意孩子用螺丝刀、钳子、剪刀等工具时的方法是否正确，如果发现问题应及时给予指导。

必要的装备：

爸爸们在平时留心搜集一些日常生活中丢弃的废物，如废纸盒、糖纸、瓶盖、饮料瓶、废布头、毛线、无毒泡沫塑料，并将其消毒，进行简单的归类，放置于一个大纸盒中，如需要可随时取得。

让游戏更尽兴：

制作的玩具，不宜脱离孩子的认知及周围生活。儿童很早就在用感官去看、去听、去说、去认识周围世界，所以自制玩具的内容要选择儿童经常看到的且喜爱的物体，如车辆、动物、房子、娃娃等。这样就能调动孩子动手动脑的积极性，使之主动加入制作玩具的活动。

在制作玩具前，可先让孩子自己设计、想象，爸爸对他们的构思要加以肯定，孩子能自己动手的尽量让他们去做。

在制作玩具的过程中应鼓励孩子和爸爸一起动手。一些剪、贴、粘、折、缝纫的活动可根据儿童的年龄和能力，适当地让他们参加。例如自制“鱼灯”，“鱼”可让孩子画，涂上鲜艳的颜色，贴在硬纸板上后，由于纸板过硬，可由爸爸按“鱼”的轮廓剪下。灯上的装饰花纹，可由孩子剪出，与爸爸共同粘贴。

玩具坏掉了，爸爸和孩子一起修好它

奇奇特别喜欢搞破坏，有一次他把一辆刚买的玩具汽车给拆了，爸爸发现后不仅没有生气，反而表扬了奇奇。奇奇得到表扬后特别高兴。爸爸趁着奇奇的高兴劲儿，给他讲了杠杆的原理和使用工具的作用，孩子听得特别认真。接着爸爸提议说，咱们把弄坏的玩具修好，这样既不会使玩具荒废，还能找到修理玩具的乐趣。奇奇听了爸爸的话之后特别高兴。他和爸爸一起研究被拆掉的小汽车，最后在爸爸的指导下，奇奇又把汽车修好了，在遥控的控制下汽车跑起来非常灵活。后来，奇奇又和爸爸一起把原来拆掉的各种小汽车都组装好了。

在以后的日子里，奇奇迷上了修理玩具。为了能修理玩具，他把家里好多玩具都拆了。在修复的过程中，奇奇的动手能力和思维能力得到了很大的提高。

孩子对修东西，尤其是修小电器之类的东西特别感兴趣，这缘于他们的好奇心和探索的欲望。但是由于能力水平和知识水平的限制，他们往往没有信心把东西修好。有时候他们可能会把本来好好的玩具拆得一塌糊涂却不能复原，或者把坏了的玩具零件弄得到处都是，很难找齐，脾气急的爸爸在这个时候可能就忍不住了。其实爸爸完全没有必要批评指责孩子，本来就是玩儿，别太在意。如果孩子能把东西修好，父子俩可以讨论讨论为什么修得又快又好，没有修好也要找找原因，到底哪一步做错了，下次再出现同样的问题应该怎么处理。

鼓励孩子修理东西的好处很多，例如能培养孩子的动手能力，培养孩子节俭的品质，特别是当孩子修好了东西以后，那种自豪感和成就感会激发孩子的自信心，让孩子养成爱动手、爱发现问题、爱解决问题的习惯。所以，身为爸爸，应该多给孩子鼓励和指导，通过修理东西培养孩子的动手能力。

会玩的爸爸来支招：

很多时候，爸爸是和孩子一起玩一起闯祸的那个大孩子。如果爸爸能带着孩子好好玩，在爸爸的陪伴下，孩子的各方面的能力就会在不知不觉中得到很大的提高。

如果家庭的其他成员还在为孩子喜欢拆东西而发愁，一定要劝说他们不要过分干预孩子。如果孩子能够自己修好，不如放手让他们自己去做。

必要的装备：

让孩子学会使用工具包里边的各种工具，如改锥、手锯、刨子、锉刀、螺丝刀、钳子等。爸爸要告诉孩子各种工具的用途、性能，让孩子掌握操作要领，并鼓励孩子在日常生活中使用它们。爸爸经常对孩子说："学会了使用这些工具，有什么东西坏了，你就可以自己动手修理了。"

让游戏更尽兴：

首先在整个游戏过程中要保护孩子的安全。避免孩子被尖锐的工具伤害到，让孩子远离带电的电器。让孩子在家长的陪伴下完成整个修理工作。

平时要注重孩子动手能力的培养。爸爸可以给孩子购买一些操作性强的玩具，如橡皮泥、拼图、积木、拼装玩具、沙石等，让孩子玩一些结构游戏，为孩子创造一个动手动脑的环境。家长还可以拿一些废纸让孩子撕；给孩子一些木头和棍子让他敲，买来蜡笔教孩子学画画；找一些不用的小瓶小盒让孩子配盖，这些活动都能使孩子的动手动脑能力得到锻炼。

如果孩子修好了一件玩具或者干完了一件事，爸爸应该满足孩子的心理需求，给孩子提供精神上或物质上的“报酬”。赞许的微笑，或是亲热的拥抱，或是夸他一声“宝宝真能干”，就是给孩子最好的奖励，这样会使孩子产生一种自豪感，下次干得更卖力。

孩子害怕骑自行车，爸爸要帮忙

文文6岁了，有一天爸爸把一辆小自行车推出来让他学。小伙伴们看到了文文的自行车，都过来骑，这也激起了文文的兴趣。

这一天爸爸花了好多精力，教文文将近两个小时，他仍然没有学会。爸爸失去了耐心，语气和表情都表现出了不耐烦，这时一旁的老奶奶说，他的孙子学了两天才学会，学骑自行车要慢慢来，不能急。这番话让爸爸好受了一些，于是压下火气，继续教文文骑车，并不停地鼓励他。

文文也感觉到了爸爸的急躁，他学得并不高兴。爸爸见状，只好对文文说：“文文，咱们休息一下，然后再学好吗？”文文点点头。

歇息了一会儿，喝了几口水，爸爸再教文文。这一次文文进步了很多，爸爸非常高兴，对文文大加赞赏。就这样，文文越学越好，很快就能够独立骑车了。

文文会骑自行车了，他的自信心也提升了，经常骑车跟好朋友们玩，回家后还表演给爷爷奶奶看。

骑自行车，学会的人，就觉得好简单；不会的人，就觉得好难，就跟开汽车一样。任何技能在初学时，都要花很多时间。因此，在教孩子学骑自行车的时候，要多给孩子一点耐心，孩子就会多给你一点惊喜。

骑自行车的好处有很多，最明显的一点就是能强身健体。据英国一项研究表明，经常骑自行车的人健康状况等同于比自己年轻10岁的人，而那些到了30多岁仍坚持定期骑车的人，则可以使自己的预期寿命增加2岁。

有医学专家表示，骑自行车和跑步、游泳一样，是一种能改善人们心肺功能的耐力性锻炼。它既可以锻炼肌肉关节、减肥、塑体，还可以强化心脏功能，防止高血压，同时还能提高神经系统敏捷性。当孩子蹬自行车时，腿部肌肉会得到锻炼，血液循环会加速，从而让大脑摄入更多的氧气，这些都有利于孩子的成长和发育。

会玩的爸爸来支招：

每个孩子的天资都是不一样的，这就决定了其在学习某项技能的时候，学习效果差别很大。就拿学骑自行车来说，有的孩子一学即会，接受能力特别强；有的孩子则需要学好长时间才能学会，显得有点笨拙。其实这都是正常的，爸爸在教孩子学骑自行车的时候，一定要有耐心，不要见孩子学不会就生气，这样很容易伤害孩子。

必要的装备：

骑自行车是锻炼孩子体格的一种方式，可促进孩子骨骼和肌肉的发育，但在教孩子学骑自行车的时候，家长需要注意孩子的安全。要帮孩子调整车的高度，让孩子保持端正的坐姿，以免引起脊柱的变形。另外，幼儿骨盆发育不成熟，骑车时选用的活动场地，地面不宜过硬，以免使组成髋骨的各骨骼移位，尤其对女孩更应多加保护，以免影响其发育。

让游戏更尽兴：

学骑童车虽然有很多好处，但也有一定的危险，因此要牢记：安全最重要。一旦孩子开始学骑童车、玩滑板或溜冰等活动，一定要做好安全防护，例如戴上头盔和护具等。

让孩子记录生活中的美好，爸爸和孩子一起玩摄影

高猛花了几百块钱买了一个数码相机，虽然像素不是那么高，款式不是那么新潮，但是操作简单，体积小，重量轻，非常适合随身携带。高猛有空的时候就教儿子拍摄，他们彼此给对方拍照片，把拍得较好的照片存入电脑，甚至还会打印出来，收藏到相册里。

高猛让儿子随身带着相机，并对他说：“在学校或者上学的途中如果发现有趣的事情，就可以拍下来，回家后可以跟爸爸妈妈分享，在学校里也可以跟同学分享。”儿子很乐意这样做，经常拍下生动有趣的照片，有时候高猛还会把儿子拍下的照片加上简短的点评，给孩子的成长留下了宝贵的记录。

摄影是纪实性地描述生活，可以将难忘的、有意义的事情通过图片记录下来，在以后的某个时刻拿出来，还能想起当年的情景。当你和孩子旅游、做游戏的时候，请和孩子用相机将这些拍下来，那将是快乐的记忆。

摄影的好处在于寻觅、感知、发现、观察、取舍……神奇的大自然赠予我们许许多多体验，爸爸们可以带着孩子用摄影的方式观察整个世界。摄影的乐趣在于使身心愉悦，在于与

被摄景物产生心智上的共鸣。

会玩的爸爸来支招：

建议家长和孩子多拍一些日常生活的场景，比如，晚饭后爸爸打扫卫生，妈妈在晾晒衣物，孩子在自己的卧室玩耍；草坪上，一只小狗在阳光下睡觉，小妹妹坐在便盆椅上，小猫在吃它的晚餐；老爷爷在路边下棋，老奶奶在广场上扭秧歌；一群鸽子在屋檐上站着左顾右盼，蒲公英在院子里生长……

这些平凡的生活场景最真实，最能让人感知平凡生活的美好，让孩子懂得平凡是真，平淡是福。

必要的装备：

爸爸要准备一个轻便易于携带的相机，还要教给孩子基本的摄影技巧。

让游戏更尽兴：

摄影并不是一项奢侈的爱好。在你和孩子没有完全掌握摄影技术之前，没有必要为孩子配备很高级的相机。一个操作简单、经济适用的相机，便于你和孩子随身携带，这样你们不管去哪里，都能对周围有趣的人和事进行拍摄和记录。

海边是最好的亲子游乐场，每年都带孩子去海边

在《爸爸去哪儿》节目中，五个爸爸带着孩子们在鸡鸣岛的经历吸引了很多爸爸和孩子。钓鱼、沙滩足球、神奇的海岛探险，都给了孩子们另外一种生活体验。海边的各种海货、美食也让爸爸和孩子们大饱口福。看完那两集，爸爸们是不是有带孩子去海边的冲动呢？

海边确实是亲子活动的好场所。我的同事李先生和儿子豆豆有个不成文的约定——如果孩子在上学期学习没出过差错，成绩比较理想，李先生就会在暑假带孩子去海边。几年下来，李先生一家已经走过了中国海洋线上的很多地方。北到大连，南到三亚，避暑胜地秦皇岛和青岛、烟台，都留下了一家人的欢声笑语。

七月初，豆豆刚放暑假，李先生又带着豆豆来到了距离家最近的海边城市大连。一家人来到老虎滩公园附近的沙滩上。虽然才上午9点钟，沙滩上人已经很多了。各种各样的太阳伞和沙滩帐篷随处可见。父子俩赶紧找到一个合适的位置开始安营扎寨。爸爸负责搭帐篷，豆豆负责铺沙滩垫，收拾各种沙滩玩具。很快，营地搭好了。

父子俩找出泳衣，一起更衣下水。沙子在阳光的暴晒下，烫得脚有点疼，父子俩一点也不在意，只见他们笑着、叫着、跳着，冲进了海水。爸爸觉得海水有点冰凉，但是儿子却不怕水凉，往身上浇了一些水，直接躺在水里仰泳去了，还快活地大叫：“爸爸，快点过来吧，好舒服啊。”

在海水里玩了20分钟，爸爸和儿子回到沙滩上，他们在沙滩上和周围的小朋友和家长们玩起了沙滩排球。

父子俩玩累了就躺在帐篷里休息，不一会儿，豆豆就开始淘气了。他捧起一把沙子，撒在爸爸的脸上，爸爸跑到水边洗脸时，豆豆也过来了，故意把水泼到爸爸的身上，还笑着说：“爸爸，我们来打水仗吧！”父子俩又开心地在水里打起水仗来。

在水里玩够了，爸爸和豆豆就跑到岸上玩起了沙子。豆豆在沙滩上玩堆城堡的游戏，爸爸在沙滩上把自己埋在沙子里，用太阳伞遮着头部，舒服地躺着。他对豆豆说：“在沙滩上躺着其实比在帐篷里舒服。”豆豆听了这句话，马上跑过来，学着爸爸的样子把自己埋在沙子里……玩累了父子俩就躺在帐篷里闲聊。快乐的海边之旅让父子俩的关系更亲密了。

因为父子俩的海边行开了个好头，在后来的假期里豆豆非常用功地上各种辅导班，努力争取考到好成绩，盼望着和爸爸开始新一次的海边之旅。

当开心的长假和阳光夏季来临时，带着孩子去看大海，欣赏沙滩美景，感受海边的欢乐，这是孩子们非常期待的事情。

去海边玩耍，既可以放松身心，又可以保持心情愉悦。

因为海水的成分与人体的血清和淋巴液十分相近，海水中有碘、钾、钙、镁、硫等元素及矿物质，可以改善人体的新陈代谢，协调体内分泌器官的活动。海水中还有很多生物刺激剂，可以使皮肤变得有弹性和光滑。

当你和孩子在水里游泳时，人体与海水接触，身体表面会产生负离子，这些负离子可以起到镇静、止痛的作用，从而消除身体的疲惫感，减轻工作和学习压力。

在沙滩上散步，是美妙生活中的最佳享受。海滨的空气清新而凉爽，能使人精神焕发，神情愉悦。

会玩的爸爸来支招：

1. 运水比赛

放两个同样大小的水桶，孩子跟爸爸一人拿一个瓶子，从海里取水，然后跑回来倒进小水桶里面，直到把水桶装满。先把水桶装满的人获胜。

2. 沙滩艺术

带领孩子在沙滩上寻找各色的贝壳、石头、漂浮的木头或海里漂上来的植物等，然后发挥想象力把找到的东西摆成各种图案。

3. 沙滩城堡

爸爸事先准备一些沙滩城堡的图案，然后和孩子比赛看谁搭得又快又像。对于失败者要有相应的惩罚措施，比如收拾沙滩上的玩具，或者捡沙滩上的垃圾。

必要的装备：

带孩子去海边玩，有些装备是必须带的，比如防晒油、拖鞋、太阳伞、救生圈、玩具鸭及水球、喷水壶、墨镜和太阳帽。还应带几块湿毛巾、换洗的游泳衣、沙滩游戏工具、装垃圾的塑料袋、一个漂亮的彩色风筝。这些装备齐全了，才能和孩子玩得尽兴。

让游戏更尽兴：

海边游泳要注意安全和防晒。

在保证孩子安全的前提下，和孩子尽情地嬉戏，不要在意孩子把衣服弄脏了，不要在意孩子调皮捣蛋。在这里，爸爸要放下家长的架子，做一个顽皮的大孩子，和孩子成为玩耍的伙伴。

陪孩子去动物园

孩子们都是喜欢动物的。《爸爸去哪儿》中，安吉拉对小动物的热爱让我们感受到了她满满的爱心。没有不喜欢动物的孩子，更没有不喜欢去动物园的孩子。爸爸们如果能陪孩子去动物园玩，孩子们一定会很高兴的。

六一儿童节这一天，嘟嘟在爸爸妈妈的陪伴下来到了动物园。他们感受到了过节的气氛，天上飘着许多五颜六色的大气球，广场里还有很多鸽子在飞，“咕咕”地叫个不停，这就是嘟嘟梦寐以求的野生动物园。

在动物园里，嘟嘟看到了很多以前只能在书上才能看到的动物，比如骆驼、鸵鸟、梅花鹿、斑马等，他还给小鹿喂了一根胡萝卜呢！看见大象时，他非常开心，因为他平时最喜欢大象，大象有一个长长的大鼻子，它会帮助大家吃东西，还会喝水呢！

之后嘟嘟和爸爸妈妈来到了猴山，那里的猴子一点儿都不怕生人，它们会主动过来跟游人打招呼。嘟嘟在爸爸的鼓励下，还和猴子拥抱了一下，他开心极了。

逛完了猴山，他们又去了猛兽区。在那里，嘟嘟看到了真正的老虎、狮子、狼，还有大猩猩，他在车上兴奋极了，又是叫，又是笑的，引得旁边的游客们也顺便参观了一下他——一个3岁孩子的精彩表演。

前前后后逛了3个小时，天黑了，他们才依依不舍地离开了动物园。

孩子对动物总是充满好奇心，他们喜欢看动物世界，喜欢问有关动物的话题，喜欢听父母给他们讲动物的故事。既然孩子对动物如此感兴趣，那就带孩子去动物园走一趟吧，一起享受快乐。

会玩的爸爸来支招：

当孩子看到自然界真实的动物时，他们会冒出千奇百怪的问题，如果你认真为孩子解答，孩子就能了解很多有关动物的常识，这是一个学习的重要途径。

来到动物园，美丽的孔雀首先吸引了皮皮的注意力。好奇的皮皮问道：“爸爸，孔雀什么时候开屏呀？”这正是爸爸想告诉女儿的。“当春暖花开的时候，雄孔雀看到了喜欢的雌孔雀，为了向她表达爱意，便会开屏，雌孔雀会在开屏的雄孔雀中挑选最漂亮的那一只作为自己的新郎。”“啊？孔雀也要结婚呀？”皮皮疑惑地大声问道。“是呀，只有先找到伴侣，才能生小宝宝啊！它的宝宝在孔雀蛋里，然后由孔雀妈妈把小孔雀孵出来。”“怎么孵呀？”皮皮问。爸爸说：“就像鸡妈妈孵小鸡一样。”“鸡妈妈是怎么孵小鸡的呢？”孩子总爱刨根问底，爸爸就耐心细致地给孩子们一一解答。

一会儿，皮皮又问：“爸爸，看！有三只孔雀在开屏。”爸爸趁机问道：“皮皮，开屏的是什么孔雀呀？”“雄孔雀。”“对了。”等孔雀收起尾巴后，爸爸问：“孔雀爱吃什么呀？”“大米和小米。”“对了。”爸爸从饲养员那里买来小米给皮皮，皮皮使劲向网里扔去，孔雀们争相来吃，皮皮开心极了。

孩子总是那么喜欢问问题，喜欢刨根问底，他们可以从孔雀问到鸡妈妈，又从鸡妈妈问到鸭子，甚至老虎、大象。如果你认真对待孩子的每个问题，那么你和孩子逛动物园，就不只是走马观花式地看看动物了，而是让孩子了解很多动物的常识，丰富孩子的认识，加深孩子对动物的了解。因此，玩中可以蕴藏学习，这样的学习是孩子最容易接受的。

必要的装备：

观赏动物的过程中，孩子会不停地问问题。爸爸们千万不要嫌烦，要耐心解答孩子的疑问，这样孩子才会学到很多知识。为了避免一问三不知，陪孩子逛动物园之前，最好了解一下常见动物的常识，比如长颈鹿、老虎、狮子、大象、孔雀等。

让游戏更尽兴：

带孩子逛动物园虽然乐趣无穷，但是爸爸要注意孩子的安全，千万不要让孩子太靠近笼子。当孩子调皮逗动物的时候，爸爸尤其要注意。此外，爸爸还要让孩子遵守动物园里的规则，不要让孩子表现出不文明的行为。

Part 3.

孩子不讲规则？一起玩一些规则性游戏

爸爸的强项大多能成为孩子的强项，和孩子一起成为某个棋类的高手

爸爸要学会扑克牌的多种玩法，然后和孩子一起玩不同规则的牌

爸爸要给孩子多讲一些安全常识

爸爸要重视孩子的诺言，和孩子一起履行诺言

爸爸的诺言要执行，一诺千金

孩子与同学闹矛盾，爸爸要这样和孩子谈

交通规则一定要遵守，爸爸要做好榜样

爸爸可以通过演练教孩子处理生活中的危机

爸爸的强项大多能成为孩子的强项，和孩子一起成为某个棋类的高手

谢飞很早就教会了儿子下象棋，他们父子二人经常切磋棋艺。一次，孩子主动邀战，谢飞欣然应战。他们通过锤子剪刀布来决定谁先出招，结果儿子赢了，他架中炮，谢飞上马应对，经过十几个迂回冲拼，谢飞暗自陶醉，好几次儿子都招架不住，因为在棋艺方面谢飞确实明显胜于儿子。

谢飞的棋子之间相互有保护，而且儿子已经丢了一个车，但是或许是大意、轻敌了，谢飞在不知不觉中陷入了被动，棋子与棋子的保护链被儿子破坏掉了。儿子通过连续将军，使谢飞防不胜防，最后无力抵抗，败下阵来。

“老爸，认输吗？”儿子有些得意地说。

“嘿嘿，大意失荆州呀！”谢飞笑呵呵地答道。

孩子打趣地说：“关键时刻不保帅，还有闲心去吃我的马，马有那么好吃吗？”

“呵呵，老爸是一个馋猫！”爸爸为自己开脱。

“再来一局，决胜负，怎么样？”谢飞征求孩子的意见。

孩子高兴地说：“行啊，老爸，你先出招吧！”

有了第一局的教训，第二局谢飞慎重了许多，出棋的速度放慢了许多。可是儿子由于赢了第一局，自信心高涨，第二局也下得得心应手，气势咄咄逼人，通过几次连环抽杀，谢飞还是输了……

下棋是一项费脑子的游戏，但是对于成天闷头学习的孩子们来说，下棋可以转换思维方式，可以放松身心，而且爸爸和孩子下棋还可以互相交流，对孩子表现出来的不足之处可以及时点拨，让孩子不断完善自己。

下棋能锻炼孩子的判断能力。在对局中，孩子需要考虑每一步，这需要良好的判断力；下棋还可以锻炼孩子的记忆力。曾经用过的招数还要再用，这需要记忆力；下棋还能锻炼孩子的推理能力和空间想象力。

下棋还能活跃孩子的脑细胞，促进思维的发展。因此，下棋不但不会影响孩子学习，相反，它会促进孩子学习能力的提高，特别是数学方面的学习。下棋也能提高孩子的统筹思维能力。同时，作为一种有益身心健康的活动，下棋还可以丰富孩子的课余生活，培养孩子顽强的毅力、良好的道德情操。下棋还是一种交流，以棋会友，不亦乐乎；下棋可以陶冶孩子的情操，修身养性。

总而言之，教孩子下棋的好处太多了，爸爸们至少要教会孩子下一种棋，坚持每天抽一点儿时间陪孩子下棋。通过下棋不仅可以完善孩子的性格，还能让孩子懂得更多做人做事的道理。

会玩的爸爸来支招：

在最初教孩子下棋的时候，让孩子赢比让孩子输更有价值。只有在赢的过程中孩子才会主动地去学习。当孩子掌握规则后，爸爸就可以适当地赢孩子。这样可以不断提高孩子的棋艺水平。如果经常下棋，下得多了，孩子自然会明白“胜败乃兵家常事”的道理。这样孩子就能够正确地看待输赢了。

孩子输了之后，适度的安慰是必要的，此时爸爸应对孩子失落的心情表示理解。等孩子情绪稍稍缓和下来后，再主动邀请孩子玩同样的游戏，并且故意输掉，然后表现出霸道、生气的样子，让孩子体会别人的心情，使孩子明白输了之后的失态会给人留下不好的印象。再告诉孩子遵守游戏规则的重要性，这样孩子就会容易接受了。

必要的装备：

在下棋之前，爸爸们还必须花点儿心思教孩子下棋。只有让孩子会下棋，才有可能和孩子进行对弈。不过，教孩子下棋首先是为了培养孩子的兴趣，而不是为了教孩子一些技巧。爸爸们要依孩子的能力、兴趣选择，由易到难。比如，可以先教孩子下五子棋，然后教孩子下跳棋，之后再教孩子下象棋、围棋等。

让游戏更尽兴：

琴、棋、书、画堪称中国文化与文明的体现。棋类游戏是一种富有趣味性、科学性的脑力活动。棋局虽然变幻莫测，但又遵循一定的规律，只要具有一定的逻辑思维能力，做到谨慎细心，就不会落得满盘皆输。棋战时的两方对垒，可以训练人应对复杂情况的能力，所以人们把棋类运动称为“智慧的体操”。

棋如人生，教会孩子下棋可以使孩子历练自己的思想、完善自己的性格、养成良好的习惯、养成优秀的品质、提升自己的能力，最后还能让孩子读懂人生。

爸爸要学会扑克牌的多种玩法，然后和孩子一起玩不同规则的牌

周末，李鑫陪女儿在家玩，为了让她在玩中学点儿东西，李鑫和女儿玩起了扑克牌游戏。

李鑫拿出6、7、8，让女儿在5秒钟之内算出几个数相加的结果。李鑫又启发她：从8那里借1给6，就成了3个7相加，这样就可以用乘法了。女儿马上说：“三七二十一。”就这样，女儿发现了数学中的技巧。李鑫又拿出4、5、6、7、8，女儿很快就得出答案：“30。”李鑫问她怎么算的，她说：“就像你刚才说的，从8那里借2给4，从7那里借1给5，就成了5个6，

五六三十。”李鑫直夸女儿聪明。

接下来，李鑫对女儿说：“如果老师把一堆数字给你，让你加起来，你会怎么办呢？比如说，给你20张扑克牌，让你把上面的数字相加。”说着，李鑫抽出一沓扑克牌，在桌子上摆开，女儿认真地观察这些扑克牌上数字的特点，3分钟之后，她算出了正确的答案。

李鑫说：“咱们采用另一种算法，就是凑10，这样就能很快地算出来。先从大的开始，你看，9和1相加得10，8和2相加得10，这样，从大到小，把每两个数字凑成10，最后把剩下的小数字加上去。如果有13，没有7，就13加6加1，或13加4加3，或13加5加2，等等。”

女儿在李鑫的进一步启发下，算得越来越快了。为了巩固学习效果，他们又操练了几轮，还进行了比赛，李鑫一沓，女儿一沓，看谁先算出来，然后相互检验，看对方是否能算正确。这是一种很有乐趣的游戏。

扑克牌里面都是数字，和孩子玩扑克牌，可以很好地训练孩子加减乘除的运算能力。在打扑克牌的时候，一手牌需要经过巧妙组合与搭配，就能产生最好的效果。这就可以锻炼孩子的排列组合能力，对孩子学习数学有很大的帮助。因此，只要爸爸善于引导，就能利用扑克牌锻炼孩子的数学运算能力。

扑克牌是大人们常玩的游戏，有时孩子看见大人们玩，也很感兴趣。爸爸不妨配合孩子的兴趣，利用空闲时间陪孩子玩扑克。考虑到孩子的认知水平，爸爸们不应沿用大人的游戏规则，而应当和孩子玩扑克牌里的小游戏。

会玩的爸爸来支招：

利用扑克牌和孩子玩多种游戏：

1. 换牌

取3张牌，把大王放在其中，让孩子记住大王的位置，然后开始调整牌的位置，最后让孩子找出大王在哪个位置。爸爸可以不断调整变换的速度和变化的次数，还可以增加纸牌的数量，这样可以锻炼孩子的反应能力。如果孩子比较多，那在一起玩这个游戏更是兴趣盎然。

2. 比大小

把一副牌平均分成两份，和孩子一人一半，每人出一张牌，看谁出的牌大，那这两张牌就归谁。如果出的牌一样大，就先放在旁边，然后出下一张牌，赢的那位得两次的牌，最后看谁手上的牌最多，谁就是赢家。

当然，你也可以和孩子来比谁小，这样可以训练孩子的逆向思维能力。在这个过程中不仅可以教会孩子认识数字，更能使孩子明白数字之间的大小概念。

3. 钓鱼

这个游戏至少要两个人参加，根据游戏人数把牌平均分配，然后按照顺序每人出一张牌，排成一个长列。谁出的牌与上面长列中的某一张牌相同，就可以把这两张牌之间的所有纸牌收入囊中，到游戏结束的时候，谁手里的纸牌最多，谁就获胜。

在玩的过程中，爸爸可以引导孩子读所出的牌上面的数字和花色，让他慢慢地认识数字。这个游戏的另一个好处是可以培养孩子敏锐的观察力，使其在一列纸牌中，能一下子看到与自己的牌点数相同的牌。

必要的装备：

多准备几幅扑克牌。参与者除了爸爸和孩子以外，还可以邀请妈妈或者别的小朋友一起玩。

让游戏更尽兴：

玩扑克学数学，有技巧，有快乐。关于扑克牌的游戏还有很多，只要爸爸和孩子多去尝试新的玩法，孩子就能从中学到新的知识。玩扑克牌的时候，不要让孩子爱上赢钱、赢物品，而应注重游戏本身的乐趣。

爸爸要给孩子多讲一些安全常识

《爸爸去哪儿》在湖南拍摄的时候，“黑米”在河边打水时不小心落水了，幸好当时身边有人，才安全地把“黑米”拉上来。第二季的拍摄中，Feynman也有一次落水，让爸爸心疼不已。爸爸们平时要多给孩子讲讲安全的常识，让孩子远离危险。

5岁的林林很调皮，一次他用水枪射击通了电的插线板，爸爸看见后马上关掉电源，然后把林林叫到身边，认真地说："林林，你把水往插线板上弄是不对的，知道吗？"林林眨着眼睛问："为什么不对呀？"爸爸说："因为插线板里有电，水可以导电，这样就可能电到你。"林林马上说："电了我有什么危险吗？"爸爸说："当然有了，电其实是很危险的，不但可能电伤人，还可能引发火灾，你想想，如果因为你的调皮引发了火灾，烧毁了房子，那我们去哪里住啊！"林林点点头说："爸爸，我知道了，以后不把水往插线板上弄了。"

通过爸爸的耐心教导，儿子知道了电的危害，懂得了怎样避免触电。身为家长，不能在你发现孩子的行为产生隐患时才教育孩子安全常识，而应该防患于未然，在平时的生活中告诉孩子一些安全常识。

生活中，当孩子用铁丝捅插线板的插口时，有的父母会慌张地把孩子抱开，然后恐吓道："不要弄这个，否则你会没命的。"而不是告诉孩子为什么不能这样做，这样做有什么危险。孩子似懂非懂，加之好奇心重，就想一探究竟，这就很容易发生危险。正确的做法是告诉孩子其行为的危害，让孩子知道不能那样做。

会玩的爸爸来支招：

家里虽然安全，但也容易发生危险，特别是关于水、火、电的安全知识，这些都应该早点让孩子知道。这样的话即使发生紧急情况，孩子也不至于惊慌失措。

（1）让孩子随手关水龙头，用完电器随手拔掉插头，不用煤气时要把总开关关闭，开、关煤气应由大人代劳。

（2）使用电器前，要让孩子擦干双手。有漏电情况时，应及时拔掉插头，或以木棍等绝缘物体将插头松脱，避免以手碰触。

（3）告诉孩子如果闻到煤气异味时，应该马上关闭煤气总开关，并将门窗打开通风透气，绝不可以在此时开关任何电器，以免引发火灾。

（4）让孩子熟记一些电话号码，包括：报警电话110、119，以及父母的手机号码或办公室座机号码，甚至记下附近可以提供援助的朋友电话，以备不时之需。

第五，爸爸要和孩子讲安全常识的故事，通过和孩子做这方面的游戏，教给孩子紧急状况的应急措施。

必要的装备：

爸爸要重视对孩子的安全教育，在家中把安全隐患排除掉，给孩子创造一个相对安全的环境。

让游戏更尽兴：

每个家长都希望自己的孩子远离危险，这就需要家长教给孩子一些安全常识。如果爸爸经常和孩子讨论安全常识，就能让孩子学会避开危险。比如，孩子知道电的用途与危害，就不会把水往插线板的插口里倒；如果孩子知道火的危害，就不会玩火。

安全常识不仅包括家庭安全常识，还包括交通安全常识，让孩子知道“红灯停、绿灯行”的交通规则也是很重要的，让孩子知道不能在马路上追逐打闹，不能在公交车上嬉戏玩耍，这些都能避免不必要的伤害。

经常和孩子讨论什么样的行为是不安全的，让孩子懂得去避免。让孩子记住父母的姓名、家庭住址、电话，便于孩子发生意外时及时与父母取得联系。

爸爸要重视孩子的诺言，和孩子一起履行诺言

星期天的上午，外面下着大雨，崔凯却一个劲儿地央求爸爸带他去公园。

“我们昨天不是刚去过吗？怎么今天还要去？再说下这么大的雨也不能去呀。”爸爸不解地问。

“我和姐姐说好了，今天还要去那儿玩。”崔凯轻声说。

这时爸爸才想起，昨天傍晚带崔凯去公园时，他和一个扎着小辫子的女孩玩得很开心。临别时，两个小家伙约定好“明天再来玩！”

看着崔凯渴望的眼神，爸爸点点头说：“好吧！我们去公园，可是姐姐不一定会来哟！”

公园里，烟雨弥漫，寥无人迹，草地上满是水洼。爸爸

叹了口气说："公园里没有人影，姐姐一定不会来。"

"会来的，我们说好的。"崔凯肯定地对爸爸说。

"崔凯，我在这儿，快过来呀！"突然传来了小女孩的呼喊声。

"爸爸，姐姐在那里！"崔凯指着不远处的一个凉亭兴奋起来。

爸爸转过头定睛一看，真的看到了昨天那对母女。女孩母亲的衣服都湿了，正用纸擦拭脸上的水滴。小女孩则在边上又蹦又跳地叫着崔凯的名字。

两个孩子见了面，嘻嘻哈哈地欢笑起来。

崔凯的爸爸看了看小女孩的母亲，不好意思地说："麻烦你啦！"

"哪里，女儿在家一直吵着要来公园，说是和崔凯弟弟约好的。雨这么大，我劝她别来，她不听，还哭起来，说弟弟一定会在公园等她……拗不过她，就带她来了，没想到，你们父子也来了。"女孩的母亲说。

"一样！一样！我儿子在家也一直求我，我只好带他来了。"

"孩子很重视诺言，有时比我们大人还认真！"

"是呀！可我经常对孩子说话不算数，以为他人小，随便敷衍就可以了，我想我得向他承认错误了……"

无论想要培养孩子什么品质，家长的示范作用都是极其重要的，诚信也不例外。在当今社会中，有些人在与人交往中不守信，总是留个心眼儿，想多占对方一点便宜，如果这些事情让孩子看见了，会给孩子造成很坏的影响。

所以说，让爸爸和孩子一起兑现诺言有着特殊的意义，可以让孩子以爸爸为榜样，学习诚信的品质。和孩子一起兑现诺言，实际上是肯定了孩子遵守诺言的行为。

诚信是一个人的立身之本，爸爸应该注重培养孩子诚信的品质，通过言传身教，和孩子一起兑现诺言，教育孩子守信用、负责任。

孩子的模仿能力很强，很容易受到某种行为的暗示。如果父母言行不一，不履行承诺，孩子就会得到暗示，跟着模仿，这很不利于孩子诚信品格的养成。

在日常生活中，有些家长常常为了诱导孩子做一件事，轻易许诺，但事后就忘记了。孩子的希望落空了，就会觉得父母在骗自己。

会玩的爸爸来支招：

很多爸爸经常对孩子说“晚上我一定陪你做游戏”，结果下班回来却把这事给忘了；经常对孩子说“爸爸一定会来接你”，可是并没有那样做。每个爸爸对孩子都许下过形形色色的诺言，到最后履行诺言的却寥寥无几。殊不知，对于孩子来说，遵守诺言是父亲爱他的表现。在孩子眼中不遵守诺言就是说谎，就是不爱他，这会伤害孩子。因此，爸爸要尽可能对孩子说话算数。

必要的装备：

爸爸要多和孩子交流，要清楚孩子在想什么，想干什么。只有了解孩子的爸爸才能帮助孩子履行诺言。

让游戏更尽兴：

和孩子一起兑现诺言，既要求家长对孩子说话算数，又要认可和赏识孩子的守信行为。同时在孩子兑现诺言的过程中，如果遇到了困难，家长就要帮助孩子，使孩子能顺利兑现诺言。尤其是当孩子表现出守信的行为时，家长要及时给予表扬，还要提醒孩子许诺前要三思。这样孩子会在每一次的赏识中越来越坚守诚信的美德。

爸爸的诺言要执行，一诺千金

为了让高程好好学习，爸爸许诺，只要他考进班里的前十名，爸爸就在假期带他去北京旅游。高程为了去北京，一改常态，变得非常勤奋。功夫不负有心人，期末考试，他考了班级第八名。他非常高兴，觉得马上就能去北京参观梦想中的清华大学了。当他高兴地把考试成绩告诉爸爸以后，爸爸却没有提旅游的事情。在高程的一再追问下，爸爸说：“我最近比较忙，没有时间休假啊，去不了啦！”

高程一听就急了，“不行，就得去！你答应过我的，为什么说话不算数。”

爸爸也生气地说：“你怎么这么不听话呀，我是爸爸，我说不去就不去，还用你批准吗？”

高程大哭起来：“我已经和同学们说了，说我要去北京了，还答应给他们带好吃的。现在不去了，叫我怎么和同学说呀，人家一定会说我只会吹牛！”

爸爸早已不耐烦了，说：“爸爸的工作重要，还是你们同学重要，不去就是不去！”

高程十分伤心，以后爸爸说什么他也不相信了，他又回到了天天玩不用功学习的状态。

爸爸看孩子这样，仔细想了想，还是跟单位请了假带高程去北京参观了清华大学。高程又对学习充满了干劲。

许多爸爸为了哄孩子或激励孩子认真学习，喜欢做出某种承诺，如期末考试考多少分以上就陪孩子出游等，可是却常常“言而无信”，不能兑现，使孩子失望之极，甚至产生抱怨情绪。

爸爸给孩子抛出承诺，出发点都是好的，希望能激励孩子。但是到了兑现承诺的时候，爸爸可能会有各种原因不能兑现，这会让孩子觉得爸爸不讲信用。多来几次，就会产生信任危机。

现实中，爸爸说话不算数给孩子造成的影响远远不止这些，这还关系到孩子能否诚实守信。如果爸爸经常寻找借口逃避诺言，那么孩子不但会对爸爸失去信任，也会为自己做不到的事寻找各种借口，从而变得喜欢说谎、言而无信。

会玩的爸爸来支招：

为了避免许诺的副作用，爸爸最好不要胡乱许诺。如果要许诺，就一定要履行诺言。爸爸的许诺还必须有利于孩子的健康成长，能起到正面教育的作用。爸爸不能在孩子面前夸口，胡乱许诺。许诺太多是一种负担，因为爸爸随时都想着还有哪些诺言没有兑现。而一旦不能兑现，就会大大降低爸爸们在孩子心目中的威信。

必要的装备：

为了不失信，就不要轻易许诺，许诺以后，就要尽力做到。

让游戏更尽兴：

许诺有物质上的，也有精神上的。适当的物质许诺是可行的，但不能过度。爸爸应多给孩子一些精神方面的许诺，如许诺给孩子买书籍，带孩子看电影等。

孩子与同学闹矛盾，爸爸要这样和孩子谈

《爸爸去哪儿》在沙坡头那一期中，天天和“黑米”在玩耍中起了矛盾，“黑米”拿沙子扬了天天一脸，天天特别生

气。这个时候，林志颖和张亮及时出现，和孩子们好好谈了谈，让“黑米”认识到自己的错误，天天也原谅了来道歉的黑米。孩子们心智还不成熟，他们和小伙伴们闹矛盾的事情时有发生，事情发生了，爸爸们就要和孩子们谈谈，帮他们解决问题。

乐乐无精打采地回到家，顺手将书包扔在沙发上。爸爸看见闷闷不乐的乐乐问道：“孩子，你这是怎么啦？怎么一副闷闷不乐的样子？”

“爸爸，你明天就去找老师，让老师给我调座位，我再也不和张悦做同桌了。”乐乐略带哭腔地说道。

“嗯？怎么了？你不是说张悦是你最好的朋友吗？”爸爸不解地问道。

“他？他才不配，我最讨厌他了。今天午休时，我将墨水不小心甩到他身上，还没来得及道歉，他就开始骂我。当时班里很安静，很多同学都抬头看我俩，羞得我脸通红。气死我了，不就是甩了一滴墨水，至于吗？”乐乐愤愤地说道。

爸爸轻轻拍拍乐乐的肩膀说道：“乐乐，墨水落在衣服上是很难清洗的，爸爸接触过张悦，爸爸觉得他是一个好孩子，或许那件衣服对于张悦而言有着非同寻常的意义。记得不久前，爸爸在指导你写作业的时候，你的小刀不小心划破了爸爸的毛衣。那件毛衣是奶奶过世前，留给爸爸的最后一件礼物，爸爸很伤心，跑了很多裁缝店才修好。把墨水滴落在别人身上就是不对，明天见到张悦向他道歉好吗？”

乐乐看看爸爸，不好意思地说道：“爸爸，我听你的话，明天就向张悦道歉。”

当孩子与同伴发生纠纷，特别是在自己的孩子吃了亏时，爸爸一定要冷静，要先搞清事情的缘由，再教孩子正确处理人际间的矛盾。切不可冲动地责骂对方，或怪自己的孩子笨、没本事，甚至教自己的孩子用拳头去“还击”对方。在漫长的人生道路上，人与人之间的摩擦冲突是不可避免的，让孩子大度一点，对孩子一生的影响极大。

溺爱是祸根，从小被父母溺爱的孩子容易变得以自我为中心，这样的孩子与人发生矛盾时，就不会站在别人的立场考虑问题，不懂得大度一点，原谅对方，而是锱铢必较，与人争论不休。如果爸爸能够做到不溺爱孩子，懂得培养孩子分享、换位思考等习惯，那么发生矛盾时，孩子就容易大度地谅解对方。

理解能带来宽恕和大度，宽恕能带来和谐。爸爸应该让孩子明白，人人都有缺点和不足，只要不是特别过分，就应该理解和宽容。

会玩的爸爸来支招：

《论语》中有这样一句话：“己所不欲，勿施于人。”说的就是为人处世要宽容大度。于丹心语中也说：“你对别人宽容一点，其实也给自己留下了一片海阔天空。”在当今这个竞争激烈的社会中，家长应该教孩子学会与他人相处，在发生矛盾的时候，要大度一点，原谅对方。因为斤斤计较，只会让孩子充满烦恼；只有宽容大度，孩子才能享受快乐。

必要的装备：

爸爸要理解孩子，先站在孩子的角度看待问题，再让孩子站在对方的角度来处理事情。

让游戏更尽兴：

在人与人相处的过程中，难免会发生矛盾和纠纷，只有从小教育孩子大度一点，孩子才能正确地处理这些事情，最终得到快乐。如果孩子遇事总是斤斤计较，他们就会平添许多烦恼。

交通规则一定要遵守，爸爸要做好榜样

第一个小故事：一日，王君去一个朋友家，看见朋友正在训斥4岁的儿子。原来是因为孩子不注意交通规则，在路上乱跑，有时候还奔着车子去，搞得父母提心吊胆。

一番训斥之后，朋友停下来，向王君抱怨并请教他有什么高见。王君说："我的孩子也不注意交通安全，那时候我是用血淋淋的事实来教育他。每当我看到报纸上或网上有孩子发生交通意外的新闻，我一定会拿给孩子看，告诉他不遵守交通规则是非常危险的。"

朋友听了之后，深表赞同，坐在一旁的朋友的儿子听了之后，也默不作声，似乎明白了父母苦口婆心的教育。

第二个小故事：一个周日，高翔骑着自行车带儿子去书店，过一个红绿灯时，恰巧是红灯，但是高翔看看路上行人和车都很稀少，就直接骑了过去。

“爸爸，红灯亮了，要停下来等绿灯亮了才可以走。”坐在后面的儿子纠正道。高翔有点尴尬，就随口答道：“对面没有车，没事的。”

“不对，看见红灯就要停下来的，绿灯时才能过去，这是我们老师早就告诉我们的。”儿子坚持着……

高翔没有理会儿子，继续往前骑，可是儿子的话还在耳边不停地回荡。作为父亲，作为孩子的第一任老师，高翔感到有些惭愧。

到了下一个十字路口时，红灯亮了，高翔下了车，转过身对儿子说：“在幼儿园里，不管老师在不在，你都很听话是不是？”儿子点点头。

高翔摸摸儿子的头说：“你是听话的好孩子，刚才爸爸没有遵守交通规则，闯了红灯，是爸爸错了，今后爸爸一定改，我们一起来遵守交通规则好不好？”儿子认真地点点头。

近年来，交通事故不断增多，有许多孩子在交通事故中沦为受害者，给许多家庭带来了灾难和悲痛。为什么会有这么多的交通事故呢？可以说，这与很多人不重视交通安全、不遵守交通规则息息相关。因此，为了预防交通事故的发生，做爸爸的应该重视对孩子进行交通规则的教育，并成为孩子遵守交通规则的榜样。这关系到孩子的生命安全，也关系到孩子个人素质的提高。

有些孩子不遵守交通规则，是受了爸爸的影响。学校门前，车流如潮，一些接孩子的家长经常带着孩子闯红灯，甚至当孩子指出父母的错时，父母还不改正自己的行为。长期如此，就给孩子造成了不良的影响，孩子心里会想：爸爸妈妈经常闯红灯，不一样也没事吗，那我也不用遵守交通规则了。因此，当父母不小心违反了交通规则时，请记得向孩子承认错误，和孩子一起遵守交通规则。

身为家长，千万不要说一套做一套，不能欺骗孩子，否则只能误导孩子，害了孩子。因此，当你无意中违反了交通规则时，请记得一定要改正过来。当孩子目睹了你闯红灯时，请记得向孩子承认错误。只有这样做，才能消除孩子对遵守交通规则的错误认识。

会玩的爸爸来支招：

平时爸爸要多给孩子买一些交通安全小知识的读物，给孩子讲遵守交通规则的故事，尤其是一些因违反交通规则而发生意外的故事，这对孩子很有警醒作用。让孩子懂得“红灯停、绿灯行”的基本规则，让孩子明白过马路要走斑马线，让孩子知道靠右行驶，坐公交车的时候等车子停稳了再上车，等等。

带孩子出门的时候，正是实践的机会。爸爸要做孩子的榜样。

孩子晚上入睡前，爸爸可以给孩子讲动物们遵守交通规则的故事。有时，干脆把孩子表现好的行为或不好的行为也编进故事，让孩子明白什么样的行为是对的，什么样的行为是不对的。一段时间后，孩子就能有安全意识了。

必要的装备：

爸爸首先要了解清楚交通规则，然后把交通规则深入浅出地讲给孩子听。

让游戏更尽兴：

车祸猛如虎，然而对三四岁的孩子而言，面对车水马龙的道路，除了好奇还是好奇。教孩子遵守一些基本的交通规则便成了一项必要工作。可是爸爸除了要给孩子讲遵守交通规则的道理，还要给孩子举一些生活中的事例，让孩子有切身的感受，他才会收敛自己的行为，注意交通安全。

爸爸可以通过演练教孩子处理生活中的危机

第一个故事：蒋伟让女儿杨雪假装自己一个人放学回家，边走边玩，蒋伟扮演坏人，跟着她走走停停，等进了小区，“坏人”主动对杨雪说自己也住在这个小区，然后问杨雪家在几号几室，并送给杨雪一些好玩的东西。杨雪很动心，毫不犹豫地接受了“坏人”的馈赠。

这时，蒋伟对女儿说：“陌生人给的任何东西都别动心，都不要接受。当他说自己是远房亲戚时，更别相信。并且明确告诉陌生人，父母就在附近，或用‘爸爸马上就要来接我’的话，把陌生人吓走。要是他还缠着你，就趁其不备朝人多的地方跑。”女儿很懂事地点点头。

第二个故事：孙强和儿子玩自我保护的实战游戏，情景是这样的：9岁的儿子在校门口碰到一个青年男人，莫名其妙地被这个人狠狠地揍了几下后，那人还穷凶极恶地逼他交出身上所有钱。结果，儿子不从，跟这个年轻人厮打起来。

这时，孙强让儿子停下来，给儿子说：“这种情况下绝不能逞强，钱是小事，要尽量避免自己受伤害。同时，还要记住坏人的样子，事后及时报警。”

爸爸们可以和孩子模拟紧急时刻。比如，爸爸扮演要强行带孩子走的陌生人，并邀请妈妈扮演路人，让孩子思考遇到这种情况时该怎么办。先给他思考的机会，在练习中教孩子方法。

为防止各种情况的发生，爸爸要在日常生活中，让孩子记清楚家人的电话和自己的住址，平时爸爸要将如何打电话和如何在街上找到公用电话的方法一遍遍地演示给孩子看。还要让孩子学认路和辨别方向，知道距家最近的公交站名。千万不

要随“陌生人”到人少的地方或他的家中。

爸爸要告诉孩子，当遇到有人拿着凶器靠近时的解决办法——马上找隐蔽的地方躲藏起来。跑到教室、厕所、老师办公室，能躲在桌下就躲起来，能关上门就关上，并插好门。不要发出声音，以防让歹徒找到。

如果是女儿，就要告诉女儿——哪怕是熟悉的叔叔，也不要让他们跟自己过分亲昵。除了爸爸妈妈，不要让别人碰自己的身体，更不能让别人接触自己的隐私处。可以大声叫喊:“爸爸快来呀！”以此来蒙蔽坏人，然后趁其不备，赶快逃离。

会玩的爸爸来支招：

爸爸们要让孩子建立这样的意识：要眼疾动作快。遇到坏人、地震、大火时，孩子应当采取正确的方法，果断逃生，切记不要惊慌。

必要的装备：

这个游戏同样需要爱心和耐心。只要有爱，一切都不是问题。

让游戏更尽兴：

随着校园暴力事件的发生，一些孩子对上学产生了一些恐惧心理。爸爸们要给孩子安全感，告诉孩子哪些该做？哪些不该做？哪些是安全的？哪些是危险的？爸爸们要告诉孩子：我们有责任，也有能力保护你们！

爸爸们最好能抽出时间，亲自到学校接送孩子。因为孩子的防范意识不强，很容易相信别人，谁也不知道在上学和放学的路上会发生什么。即使家长对孩子进行了教育，孩子也有失足的时候。花一些时间把孩子送到学校，是保护孩子的最好方式。

Part 4.

孩子太娇气？爸爸要让孩子学会处理问题

家里来了客人，给孩子自己招待客人的机会

孩子遇到难题就躲避，爸爸要和孩子一起解决难题

孩子吃不了苦，给孩子进行吃苦教育

孩子的事情爸爸尽量征求他们的意见

孩子太内向，爸爸要帮内向的孩子表现自己

孩子不能接受挫折，爸爸要让孩子体验挫折

孩子没有耐心，和孩子一起体验钓鱼的乐趣

孩子的伤心事，爸爸要听、要理解

“我很生气！”孩子说出这句话爸爸怎么办

家里来了客人，给孩子自己招待客人的机会

《爸爸去哪儿》的电影中，张亮去王岳伦家做客，当时只有安吉拉在家，安吉拉给张亮叔叔倒水，让叔叔坐好，这些做法是不是让安吉拉显得非常大方懂事呢？爸爸们不妨也让孩子做一次小主人招待客人。

一个周日的下午，刘爽应邀到朋友家做客。他敲开朋友的家门，开门的是朋友的儿子多多。他将刘爽迎进客厅，热情地说：“爸爸妈妈刚才出去买菜了，很快就会回来，阿姨您先坐。”

落座后，多多问刘爽：“阿姨，您是喝冷饮还是喝热茶？”

刘爽说：“别麻烦了，等你爸爸妈妈回来再说吧！”

多多说：“那可不行，怎么能让您干等呢？爸妈见了，一定会批评我的！”

刘爽见盛情难却就说：“那就泡杯热茶吧！”边说边站起来，想自己去倒茶，唯恐开水烫了多多。

但多多连忙阻拦刘爽说：“阿姨，您是客人，我是主人，我应该给您沏茶！”

不到两分钟，一杯清香的龙井茶就放在了刘爽的面前。之后，他坐在刘爽的身旁，和刘爽大方地聊了起来，俨然一个“成熟”的小主人。

显然，如果爸爸平时不对多多进行礼貌教育，他是不

可能这么懂事的。生活中，无论是在节假日，还是在平常日子，家里难免会来客人。有的小孩子平时表现尚可，但只要有客人尤其是小朋友拜访，他都会出人意料地表现出霸道、没礼貌，还会和客人抢吃的、抢玩具，很不友好。当你的孩子有这些表现时，不要急着批评孩子，而要反思平日是否对孩子进行这方面的教育了？

在客人来之前，爸爸需要告诉孩子，客人何时要来，他来干什么，他与父母的关系，该如何称呼，让孩子做好心理准备。并让孩子参与一些接待客人的准备工作，如准备一些饮料、糖果、点心，或为小客人准备玩具、图书，与孩子共同创造一种迎接客人到来的气氛。

当客人到来时，父母的热情接待会感染孩子。此外，父母还要鼓励孩子招待客人，如当客人出现时，提醒孩子热情招呼，请客人坐，拿糖果给客人吃。招待小客人用饮料、点心，也可以拿玩具图书给小客人玩或看，请小客人参观自己的卧室，参观自己的“游戏角”“自然角”等。

爸爸要鼓励孩子大胆与客人交谈，必要时提供指导。如果孩子有弹琴、绘画等特长，可适当地鼓励孩子为客人表演。

在教孩子接待客人时，爸爸需要根据孩子的特点行事，切忌强求孩子干他不愿干的事。如孩子胆小，爸爸硬要求他招呼客人，结果会使孩子更加怯弱胆小，对客人更加冷漠。对“人来疯”的孩子不能当着客人的面训斥或打骂，应设法让他暂时离开，待其冷静后再让他和大家在一起。

客人走后，爸爸有必要对孩子的表现做出评价，肯定他好的表现，指出他不足的地方，提出改进的办法，使孩子逐步提高待客的能力。

会玩的爸爸来支招：

可以想象，爸爸如果平时很少教育孩子怎样接待来客，怎样招待客人才是礼貌的，那么当家里来客人时，孩子就很难表现得令人满意。如果你想让孩子在客人面前表现的有礼貌，那么平时就要对孩子进行言传身教，不但要教给孩子待人的礼仪，还应以身示范。

必要的装备：

和孩子一起招待客人，当孩子某些地方做得不正确时，爸爸可以及时纠正孩子，然后告诉孩子正确的做法。坚持这样做，能够很好地锻炼孩子的胆量，提升孩子待人处事的能力。

当孩子接待客人时有不错的表现，并得到了客人的称赞和你的赞赏，孩子的自信心会受到极大的鼓舞，下一次，他会更加礼貌地对待来客。这样下去，孩子就会喜欢与人交往了。

让游戏更尽兴：

家里来了客人，不妨把孩子介绍给客人，同时让孩子帮忙做一些力所能及的事，这样既不会冷落孩子，也会给孩子提供一个学习待客的机会，从而锻炼孩子的待客能力。爸爸需要避免这种情况：家里来客人了，只顾自己和客人闲聊，置孩子于不顾，冷落孩子。

孩子遇到难题就躲避，爸爸要和孩子一起解决难题

《爸爸去哪儿》中，好多任务都需要爸爸和孩子们一起完成。在堆雪人的比赛中，爸爸们堆雪人，让孩子们找需要的各种配件。爸爸和孩子一起完成任务以后，那种高兴是无可代替的。

周末的晚上，晶晶在做作业的时候遇到了一道难题。她皱起眉头想了很久，也没有找到解题的思路。无奈之下，她只好向在客厅玩电脑的爸爸求助。

“爸爸，这道题我没有解题思路，您帮我看看吧？”晶晶如实相告。

“去问你妈妈。”爸爸正在专心地玩游戏，显然对女儿的求助毫不在意。

“妈妈去姥姥家了，明天才回来呢，您忘了吗？”

“哦，想起来了，你等我打完这局啊！”爸爸还是目不转睛地盯着电脑屏幕。

晶晶只好拿着书本坐在沙发上，等着爸爸从“战场”上下来。

大概过了15分钟，爸爸终于结束了游戏，意犹未尽地离开了电脑。

“我看看，什么难题呀？”爸爸随意地问。

“就这道题。”一想到周一还要交作业，晶晶心里就着急，盼着爸爸能帮上自己的忙。

可怜的爸爸，拿着笔在草稿纸上画了几分钟，也没有算出结果。眼看都要到睡觉的时间了，还没有找到解题思路。爸爸只好选择放弃，“等你妈妈明天回来帮你解吧，爸爸实在解不出来。”说完，爸爸又开始玩游戏了。

“咳，白等了！”晶晶带着不满的语气嘟囔着回到了房间。她很奇怪爸爸平时做什么事情都挺厉害的，怎么一道数学题就难住了他呢。

没能帮孩子把难题解出来不是爸爸的错，但是作为父亲，只流连于自己的娱乐活动，忽视对孩子的辅导和帮助，却是大错特错的。况且，爸爸是否真的解不出那道题？或许因为他流连于游戏而心不在焉才致使没有解出那道题。如果爸爸在找不出解题思路的时候，和女儿一起商量一下，交流一下彼此的看法，或许就能找到解题的办法。

几乎所有的爸爸都认为学习只是孩子的事情，自己给孩子提供舒适的生活条件，创造良好的生活环境，保证孩子衣食无忧就足够了，而没有想到自己也应该学习，更应该和孩子一起解决难题。

会玩的爸爸来支招：

段飞是班里有名的数学天才，每次数学测验基本都能取得满分。在大家羡慕段飞是数学天才时，他向大家透露了一个秘密。他说他的数学成绩这么好，很大程度上是取决于他爸爸的帮助和教导。

原来他的爸爸是一名数学老师，每当段飞遇到数学问题时都会去找爸爸帮忙。爸爸很有远见，知道如果直接告诉孩子答案，对孩子的数学学习没有好处，反而会加重孩子对爸爸的依赖感，变得不爱动脑筋。于是爸爸每次帮段飞解答难题时，都会努力引导他去发现解题思路和突破口，使段飞在开动脑筋的情况下顺着爸爸的引导解出题目。

就这样，段飞的脑子越用越灵活，而且从爸爸那里学到了很多种解题思路。他对数学的学习越来越有自信，数学成绩也越来越好。

在学习中，孩子遇到难题的情况时有发生，如果每次遇到难题后，都能和爸爸一起探讨、商量，发挥聪明才智，找出解题的思路和方法，那么孩子就会获得成就感。在和孩子一起解题的过程中，爸爸可以了解孩子思考问题的习惯。在探讨和交流中，能激发孩子对问题的认识，激发孩子的学习热情。

当孩子在学习上遇到难题，并向你求助时，你首先要明确一点——孩子是学习的主人，应该努力调动孩子的思维，让孩子把题目解答出来，而不要越俎代庖，毫不犹豫地直接将题目的答案给孩子演算出来。

另外，在学习中有爸爸的参与，会使孩子对学习更加重视。因为爸爸的行动表明了学习是一个解决问题的过程，不能遇到一点问题就放弃。总而言之，如果爸爸能够经常和孩子一起解决难题，不但可以融洽与孩子的关系，还能学到许多新知识，同时孩子也会感到无比幸福快乐。

必要的装备：

真正帮孩子不是给孩子提供直接的帮助，而是通过启发和引导，使孩子找到需要的答案，这样孩子才会有成就感，他的自信心和对学习的积极性才能提高。

让游戏更尽兴：

当孩子在学习中遇到难题时，当爸爸的绝不能袖手旁观，否则孩子一旦找不到解题方法就容易放弃。这时候，爸爸应该想孩子之所想，为孩子提供一点帮助，即使你根本不会解那道题，也应该表现出认真思考的样子，然后给孩子适当的安慰。这样就算孩子没有解出题，也不至于受到太大的打击。

孩子吃不了苦，给孩子进行吃苦教育

《爸爸去哪儿》几期节目的录制条件都比较艰苦。孩子们离开舒适温暖的家，和爸爸一起独立生活的经历，让孩子们成长得很快。让孩子吃点苦，未尝不是一件好事。

曾被评为“全国十佳少先队员”，后考入北京大学的黄思路，小时候可吃了不少苦。下面是黄思路在家里受到的待遇：

家里安空调时，没有给她的卧室安，她委屈地哭了，说是夏天练琴太热，必须有空调，她说班里学钢琴的同学房间里都有空调。父母觉得她的话也有一定的道理，就把钢琴搬到有空调的房间，解决了练琴的问题。但她的卧室依然非常闷热。父母见她没有想通，就在晚上把一本《安徒生童话》放在她的床头，把书签夹在一页很有教育意义的文章上。第二天，她再也不提房子闷热的事情了。

几年后，他们搬家时，家里已经有了3台空调。黄思路大方地说：“4个房间3个空调，全给你们用吧，我有个电风扇就行了。”之后她还要求爸爸把钢琴搬到她自己的房间。经历了从小的吃苦磨炼，黄思路的抗挫折能力和吃苦精神增强了很多。

让孩子吃点苦，不是一本正经地对孩子说：“今天，我就要让你尝尝吃苦的味道。”这种吃苦教育是没有意义的。正确的做法是让孩子在玩得高兴的时候，或在孩子不知情的情况下对孩子进行吃苦教育。当然，吃苦教育不能太过分，否则孩子承受不了，就会产生不良情绪。对于父母来说，一方面不能表现出心疼和不高兴，另一方面也不能后悔自己的行为。

每个做爸爸的都知道吃苦耐劳的品质对孩子来说非常重要，但是吃苦耐劳的品质不是与生俱来的，而需要后天培养、自我锻炼。有些父母想当然地认为，孩子长大后自然就会具备吃苦的能力，现在把学习搞好比什么都强。这种想法显然是不对的，想象一下：上了小学甚至初中的孩子不会洗自己的袜子，尚未成年就已想好将来要由保姆服侍自己，这样的孩子长大后怎么能有成就呢？

会玩的爸爸来支招：

孩子不愿吃苦，拒绝吃苦，并非孩子的过错，而是做爸爸的没有重视对孩子吃苦精神的培养。俄国著名作家屠格涅夫说过："你想成为幸福的人吗？那么首先要学会吃苦。能吃苦的人，一切的不幸都可以忍受，天下没有跳不出的困境。"为了让孩子今后能够坚强，爸爸要舍得让孩子吃苦。

必要的装备：

爸爸要让孩子吃苦，就不要心疼孩子，要真正放手让孩子去做。

让游戏更尽兴：

让孩子学会对自己的事情负责，在家里，让孩子独立打理自己的生活起居，打扫自己的房间，清理自己的物品等；学习上，让孩子学会独立思考，独立完成作业。想要孩子做到这些，爸爸就不能替代孩子去考虑问题，而要让孩子自己去思考，这样孩子才有机会去经历痛苦的事情。

孩子的事情爸爸尽量征求他们的意见

学校要放假了，爸爸想把女儿送到农村去锻炼，就和女儿商量：

“宝贝，学校明天就放假了，爸爸想把你送到姥姥家好不？”

“那样就见不到爸爸妈妈了。”

“嗯，有姥姥、姥爷陪你，而且爸爸妈妈每周都会去看你一次。”

“哦，姥姥家又没有好玩的！”

“有啊！你忘记了吗？那里有很多小伙伴呀。”

“哦，是啊，我们好长时间没见面了！他们总会带我去田野里玩。”

“是啊，再说，假期会过得很快的，开学之前爸爸就把你接回来。”

女儿欣然接受，没有丝毫的不快。

遇事和孩子商量，对于一家之长的爸爸们来说显得特别重要。在很多人的眼里，爸爸是家里说一不二的主人，如果爸爸能用平和的口气和孩子商量，那沟通效果就会好很多。如果这位爸爸不是和女儿商量，而是命令女儿：“你给我去姥姥家，否则……”女儿就很可能不买账。

英国教育家斯宾塞说过：“对孩子要少下命令，命令只有在其他方式不适用或失败时才用。要像一个善良的立法者一样，不会因为去压迫人而高兴，而因为用不着压迫而高兴。”两代人的沟通，最需要的是相互理解、相互尊重。而实现相互理解、相互尊重的方法就是学会商量。

会玩的爸爸来支招：

学会与孩子商量，还应表现为当孩子提出的要求你不能满足时，不应该粗鲁地拒绝：不行！不准！或者当你提出要求，孩子不同意时，你也不能简单地说：“这件事已经决定了！”如果你懂得凡事和孩子商量一下，就可以避免家庭中一些无谓的争吵。而且更重要的是可以教会孩子怎样做人、怎样与人共事。

必要的装备：

与孩子商量，你可以从生活中的小事开始：

如果你现在不想睡觉，明早你能按时起床吗？

你要零钱做什么？给你一半行吗？喝点开水怎么样……

商量能够让孩子感觉自己受到了尊重。根据马斯洛的需要层次理论，受尊重的需要是人类较高层次的需要。一旦这种需要无法获得满足，孩子就会沮丧、失落，容易产生抵触情绪。如果你懂得与孩子商量，孩子会非常乐意与你交流，你的意见孩子也乐意接受。

让游戏更尽兴：

商量并不是简单地迁就孩子，而是与孩子对话、沟通、相互了解，形成双方均可接受的意见或办法；商量，不是爸爸发号施令，而是和孩子平等地交谈，使每个问题的解决都打上“民主”的印记；商量，就是多问孩子几个“怎么样”。因此，和孩子商量问题能体现出爸爸对孩子的尊重和信任，也使孩子懂得尊重和信任别人。

孩子太内向，爸爸要帮内向的孩子表现自己

右右是个内向的孩子，他总是把自己关在房间做自己感兴趣的事情。右右在家里来生人时，只要能躲开就不出来见客人。父母知道这样显得很没礼貌，但是孩子性格如此，所以也从未想过要去改变他。有一次老师家访，看到右右的卧室里摆放着很多右右亲手制作的东西时，很惊讶也很惊喜。老师诚恳地对右右父母说，一定要让内向的右右走出自己的小天地，表现出自己的才华。父母这时才意识到问题的严重性，开始鼓励孩子在众人面前表现。渐渐地，内向的右右在同学面前敢表现自己了。

孩子们通常喜欢表现自己，让人们知道他们的存在。可是偏偏有些孩子沉默寡言、不合群，既不爱说也不爱笑，很难融入同学中。这种孩子往往是班级中默默无闻的人，好多活动

他们也不爱参加，就喜欢宅在教室或者家里。他们一般很少向人敞开心扉，也很少引起老师的注意。

内向的孩子将自己的世界包裹得严严实实，他们不想让别人走进来，只想在这个空间里向自己展示美丽。爸爸要花费大量的时间以及耐心去走进孩子的空间，多和孩子沟通，了解孩子的看法，当孩子愿意将内心世界向爸爸敞开时，再试着告诉孩子走出去的好处。

其实一般说来，内向的孩子蕴藏着更多的能量。如果爸爸懂得将孩子的这些能量开发出来，让内向的孩子将才华展示出来，孩子就会获得更大的进步。

会玩的爸爸来支招：

性格内向的孩子往往独来独往，不愿意和人多接触。这时爸爸应该试着鼓励孩子走进别的孩子的小圈子。走进属于孩子的世界，即使再内向的孩子，天性也会表现出来。如果孩子不怎么和同学交流，要想改变这种状况，爸爸就应该鼓励孩子邀请同学来家里做客。在家里孩子可能更有安全感，和同学一起玩时更能放得开。

一般内向的孩子常常有不安全感，他们对陌生的环境和人总是有不舒服、不信任之感。因此爸爸要尽量试着扩大孩子的接触面，让孩子经常面对陌生的环境和人，逐渐减轻不安的感觉。平时多带孩子去邻居或同事家串门，让孩子将礼物送给他们；带孩子逛街，让孩子付账，等等。这些都能让内向的孩子感受到外面世界的美丽，慢慢地就有想融入的感觉，在融入的过程中就会表现出自己的才能。

必要的装备：

爸爸要帮助孩子敞开心扉，让孩子正常地表现自己。

让游戏更尽兴：

内向的孩子更容易自卑，因此在他们做错事情时，爸爸尽量少使用批评的口吻，多使用温和的语气、赞赏的语言，不否定孩子，让孩子敢于做事。否则爸爸一句无心的否定，很可能就会使孩子表现的脚步停下来了。

孩子不能接受挫折，爸爸要让孩子体验挫折

周末晚上，丈夫说儿子和他下象棋下到深夜12点。

妻子忙问："这么晚，你让他了吗？"

"没有，我一点也不让呢。"丈夫笑着说。

"那他会不高兴吗？"

当妻子听说儿子没有不高兴，而且输了之后还要战斗到底时，露出了满意的笑容。为什么她这么高兴呢？这还得从两年前说起。

那时候，丈夫和儿子下棋，目的是培养孩子对象棋的兴趣，因此总是让着儿子，结果儿子下赢了就高兴，下输了就生

气，无法接受失败。

记得有一次，儿子输了，脸色大变，大发一通脾气，大哭大闹，爸爸说了他几句，他最后把棋盘都掀掉了，气得爸爸狠狠地教训了他一顿，说了一大串“胜败乃兵家常事，哪有只赢不输的”道理，但是儿子一点也听不进去，最后两人不欢而散。以后一提到下棋，儿子就回避。

在这之后，爸爸花了很多心思才培养了儿子“输得起”的精神。比如，爸爸会跟儿子商量，下三局只要儿子能赢一局，爸爸就给他讲故事；能赢两局，爸爸就送给他一本故事书。通过这种方式来刺激儿子，让孩子每次在三局中都会输掉一局或两局。渐渐地，儿子明白了输赢的道理，也就看淡了输赢。

我们经常看到孩子输了以后神情沮丧，有的孩子还会一蹶不振。孩子输不起，是一种渴望成功的表现，也是好胜心强的体现。面对成长过程中遇到的各种各样的小挫折，有输不起心理的孩子往往会情绪低落，心里痛苦，这会严重影响孩子良好性格的形成。因此，培养孩子赢不骄傲、输不气馁的绅士风度很有必要。

生活中，爸爸要警惕孩子“输不起”的心理，多和孩子讲一些勇敢接受失败、不断努力求胜的人的故事，让孩子知道输赢是每个人成长过程中都必须经历的，“输”并不是丢人的事情，根本不值得念念不忘。这样才能不断增强孩子的心理成熟度，以适应不断变化的环境，使孩子在输赢面前能坦然面对。

会玩的爸爸来支招：

如果孩子输了发脾气，爸爸应先接纳孩子的情绪，然后告诉孩子："你想赢，别人也和你一样想赢，如果别的小朋友输了，不甘心，吵着说不算，或是阻止你赢，那你会不会生气，还和他玩吗？"用这样的方式与孩子沟通，便于孩子反省自己，发现自己错在哪里了。

必要的装备：

爸爸运用将心比心的方法来处理孩子的问题，孩子就比较容易接受，继而拓展各方面的能力。其实，每个人都是在和同伴大大小小的冲突中慢慢累积经验，提高与人相处的社会能力的。

让游戏更尽兴：

爸爸要这样告诉孩子："这次输不代表每次都会输，只要尽力参与，总会有办法成功的。"让孩子正视失败，才能让他在失败和挫折中坚强起来，不至于被失败和挫折打倒。

孩子没有耐心，和孩子一起体验钓鱼的乐趣

《爸爸去哪儿》节目中，在沙坡头那一集，爸爸们用在湖里捕来的鱼作为晚餐，爸爸们玩得不亦乐乎，孩子们也都非

常兴奋。钓鱼是很棒的一个游戏。爸爸们如果能在闲暇时带孩子钓钓鱼，孩子们会特别高兴。

爸爸早就想带儿子李晓去湖边钓鱼了，只是因为忙于工作，总是抽不出时间。终于有了空闲时间，爸爸开车带儿子来到离家5公里外的万果湖。

到了鱼塘，父子俩迫不及待地撒竿钓鱼。没多久，爸爸就钓上了几条小鱼。接着，爸爸又钓起了两条大鱼。这时候李晓急得团团转，他对爸爸说："为什么鱼儿不上我的钩啊？"爸爸一边安慰李晓，一边笑呵呵地提竿，"又有一条大鱼上钩了。"爸爸说道，看着承受重力的鱼竿歪得很厉害，李晓兴奋地欢呼起来。

这时爸爸对李晓说："你过来，让你过把瘾。"于是让李晓双手握着鱼竿，把鱼从水里拉起来。看着李晓既紧张又兴奋的表情，爸爸安慰道："放松一点，它的力气没你的力气大，你只需绷紧鱼竿，让它在水里游，等它累了，你就可以轻松把它拉上岸了。"

李晓在爸爸的指导下，表现得像个垂钓老手，只见他不慌不忙地提竿将鱼钓起来。看着自己钓起来的大鱼，李晓满脸都是喜悦。

和孩子一起钓鱼有助于提高生活情趣，活跃各种生理功能，是保持心理健康，防止精神抑郁、沮丧、焦急、暴躁等不良情绪的好方法。经常钓鱼能使人心情平和、舒畅、情绪稳定、精神饱满。

钓鱼的地方通常空气清新，阳光充足，噪声小，适合休憩养生。江河湖海边的空气中氧气充足。经常呼吸新鲜空气，可以促使人体产生各种良好的生理反应；日光的照射能够增强皮肤和内脏器官的血液循环，促进体内的新陈代谢；城市噪声已构成严重的环境污染，经常到空旷恬静的水域钓鱼，幽静的环境能消除两耳的疲劳，有助于保持良好的听觉功能。

会玩的爸爸来支招：

钓鱼的时候，为什么有的人收获颇丰，而有的人“网中羞涩”呢？除了垂钓技术有差别，恐怕与钓鱼者的涵养有关系。善钓鱼的人，始终不急不躁，稳如泰山，即使一个小时没有鱼上钩，他们也能静静等待。他们相信鱼儿一定会上钩。带孩子钓鱼，还能教孩子做人的道理，使他们可以自信、理智、沉静、稳重地处理事情。

必要的装备：

一次好的钓鱼经历需要精心的准备。爸爸要为孩子准备好钓具和鱼饵。在钓鱼的前一天晚上，爸爸可以给孩子营造一种期待的氛围，让孩子对第二天的钓鱼行动产生兴趣。如果可以的话，尽量把钓鱼时间安排在黄昏。这个时间通常是钓鱼的最佳时机，同时也能制造神秘感，让你和孩子愉悦起来。而且还会让你和你的孩子欣赏到日落的美景。

让游戏更尽兴：

醉翁之意不在酒，在乎山水之间也。垂钓之意不在鱼，在于放松身心也。带孩子去钓鱼，不能把钓到鱼当做最终的目的，而应该把放松身心和与孩子共享快乐时光当做最终目的。只要爸爸和孩子在水边玩得开心，那么就不虚此行。

孩子的伤心事，爸爸要听、要理解

向楠在考试中取得了一个非常糟糕的成绩，他被老师责骂，被同学嘲笑，他感到深深的自卑。回到家里，他和父亲进行了一段对话。

向楠：我很笨。

父亲（认真地）：你真的那么觉得吗？你不觉得自己很聪明吗？

向楠：不觉得。

父亲：想必你心里很难过？

向楠：嗯。

父亲：上课的时候，你一定希望时间过得快一点；考试的时候，你担心不及格，担心分数低；老师叫你回答问题时，你会很慌张，你害怕自己答错了，即使自己知道答案，也没有勇气肯定地说出来，你怕你的话听起来很愚蠢，老师会批评你，同学会笑话你。所以，很多时候，你宁愿沉默不语。我想你应该记得被人笑话的情景，这让你觉得自己很无能，同时也觉得受到了伤害，很生气。

接下来，向楠向父亲讲述了白天发生的事情……

父亲：看，儿子！在我眼里，你是优秀的，只是你自己有不同的看法。

糟糕的成绩、老师的批评、同学的嘲笑，无疑会给年幼的孩子带来无情的打击，会给孩子造成情感上的创伤。爸爸应该努力为孩子疗伤，而不是在孩子的伤口上撒盐。或许向楠父亲的话并不能完全使向楠改变对自己的看法，但是可能会让向楠动摇，他心里可能会想：爸爸理解我，认为我是一个优秀的人，那么可能我并不是那么没用。这段谈话会给向楠带来动力，使向楠用自己的努力去回报父亲的信任，最终他会找到自己的优点。

会玩的爸爸来支招：

孩子情感受到创伤之后，极其渴望得到父母的理解。作为爸爸，当孩子向你倾诉受伤的经历时，你首先要做一个合格的倾听者，面露同情和理解的神态，顺着孩子的心思引述话题，让孩子尽可能把心里的烦闷诉说出来。

如果你用心倾听了孩子的话，那么了解孩子受伤的原因并不难。然后你可以简要地分析一下，给孩子提出简短的建议。值得注意的是，这时候孩子的情绪还在低谷，你不必和孩子说得太多，而应该简洁明了一些，给孩子一些思想上的点拨，以便孩子有更多思考的空间。

必要的装备：

爸爸需要有足够的耐心引导孩子讲出他们心中真实的想法。

让游戏更尽兴：

在孩子的成长过程中，他们难免有被同学欺负、被老师批评、做错事情被别人责骂的时候，他们也有自卑的时候，也有痛苦的时候，他们还有抱怨的时候，有诉苦的时候。这些时候，孩子忍受着情感上的创伤，需要爸爸的帮助，爸爸应该积极地担当起医治孩子情感创伤的责任。

“我很生气！”孩子说出这句话爸爸怎么办

张彤怒气冲天地回到家里，他本来打算去野餐，但是受到天气的影响不得不推迟野餐计划。换作以前，父亲会生气地说：“有什么大不了的，发怒有用吗？”“天气不好，哭是没有用的。以后会有玩的时候。又不是我让它下雨的，你为什么要冲我发火？”但是这一次，他改变了态度和语气。

父亲心里想：我的儿子对错过了野餐反应很强烈，他很失望，他用怒气向我表达了他的失望，我应该帮助他，我要对他的感受表示理解和尊重。于是，他对张彤说："你看上去很失望。"

张彤："当然了，这还用说吗？"

"你已经准备好了一切，该死的天却下雨了。"

张彤："是的，正是这样。"

这时，父子二人都沉默了几秒钟，然后张彤说："哦，不过，雨过天晴我们还可以出去玩。"张彤的怒气看起来消失了，在下午余下的时间里，他显得很平静。要是在以前，张彤一生气就会把全家人的情绪搞乱，而且还有可能因此惹出家庭矛盾。

如果孩子跟你说："我非常生气。"你不必再问更多细节，也无需说："你干了什么坏事，为什么会这样呢？"你需要向孩子表明，你非常理解他的痛楚、尴尬和气愤。

你应该把注意力放在孩子抱怨的行为上，还是放在孩子抱怨背后的感受上呢？答案都在大家的心里。还好张彤的父亲给我们做出了榜样，他充分表达了对孩子的理解，他尊重了孩子的情感，使孩子的情绪得以顺利宣泄，这对孩子的心理健康是很有帮助的。

作为成人，我们也都有情绪失控的时候，那时，我们希望得到的是什么？是别人的斥责，还是一大堆道理？都不是。我们最希望得到的是他人的认同，否则，我们听不进去任何意见。

孩子同样如此，但是大多数爸爸却做不到这一点。遇到这种情况，他们要么认为孩子莫名其妙，要么试图讲道理甚至斥责她，还有爸爸认为孩子不可理喻。事实上，爸爸的这些态度犹如火上浇油，只能让孩子的情绪越来越坏，从而为亲子之间的沟通增添很大的障碍。

由此我们可以看出，当这些孩子的情绪处于激动状态时，爸爸对于她们的任何教育都将成为无效的教育，而且更多的时候，这种教育很可能会成为孩子坏情绪的助燃剂。所以，要想与孩子保持沟通，爸爸首先应该做到的是，认同他们的情绪，等她们的情绪平静下来之后，再对她们进行引导和教育。

会玩的爸爸来支招：

抱怨归抱怨，发泄归发泄，抱怨、发泄之后，孩子还需要面对既成的客观事实。作为爸爸，你不希望孩子今后遇到不如意的事情时就这样抱怨、唠叨，你希望孩子学会面对不如意的事情，学会管理不良情绪。所以，抱怨、发泄之后，你要和孩子言归正传，平静地和孩子谈谈如何应对不顺心的事情，只有这样，才能真正帮助孩子。

必要的装备：

爸爸需要时间、需要耐心来帮助孩子解决问题。事先看一些专业的育儿书籍，对爸爸会很有帮助的。

让游戏更尽兴：

如果你真的想帮助孩子，那么就应该充分尊重孩子的感受，要先对孩子表示理解，然后再提出建议或意见。当你对孩子的困境表示理解和同情，说出孩子的失望时，孩子会因此获得安慰和鼓励。

Part 5.

孩子没有大局观？爸爸要为孩子精心设计一些活动

让孩子安排家庭一个月的生活开销

《爸爸去哪儿》在沙坡头的那一集，剧组让每个家庭用50块钱生活几天，当时爸爸们买的东西各不相同。在我们的日常生活中，爸爸们可以给孩子管理一个月家庭开支的权利，让孩子们体会一下生活的不易。

女儿想让爸爸给他买一套模拟厨具，爸爸说太贵了，没那么多钱买。女儿疑惑地看着爸爸，问："爸爸妈妈一个月挣多少钱？"爸爸如实奉告。女儿听了更加疑惑，她说："那么，你们一个月挣的钱都花到哪里去了呢？为什么这么快就花光了？"

晚上，爸爸妈妈商量后决定让女儿当两个月的"财政部长"。女儿见自己有了经济大权，非常高兴，认为想买什么就可以买什么。妈妈不动声色地把家里的日常支出的账本交给了女儿。由于她年龄小，现金还是由妈妈掌管，不过家庭的一切开支由女儿决定，并由她记录开支情况。

第二天一早，女儿便命令妈妈："现在我们就去买一套模拟厨具。"妈妈心里虽然很心疼，但是又安慰自己："舍不得钱财套不住女儿。"于是花了相当于一个月1/5的生活费买回了玩具。女儿认真地把这笔开支记在账本上：买玩具320元。

此后，女儿又干了几件大事：改变了饭桌上的食谱，蔬菜、排骨和馒头、米饭全不见了，取而代之的是女儿喜欢的QQ糖、火腿肠、可乐以及面包。妈妈还是不说话，陪着愁容不展的丈夫和神采奕奕的女儿吃着“小朋友套餐”……

还差一周就到一个月了，女儿还向妈妈发号施令买这买那。但是妈妈遗憾地告诉她，“这个月的钱已经花光了。”女儿不相信，但一翻账本，她就无话可说了。于是，在剩下的一周里饭桌上出现了咸菜加馒头，女儿的酸奶也不复存在了。

女儿知道没当好“财政部长”，想要辞职不干，但是爸爸和妈妈没有同意，妈妈说：“你只有在下个月能使收支达到平衡，我们才允许你辞职。”无奈之下，女儿继续硬着头皮当“财政部长”，不过高涨的情绪早已消失了。

两个月后，当女儿交出账本并打算辞职不干时，爸爸妈妈同意了。因为她乱花钱、挑食、铺张浪费等毛病已经改掉了。

居家过日子，少不了柴米油盐，别看这些不起眼的小开销，其实是每个家庭的一项大开支。很多孩子不懂得柴米油盐贵，不懂得节约水电，不懂得节约粮食。浪费的多了，就成了习惯，这种习惯使孩子没有理财的意识。

爸爸不妨让孩子当一回家，最好给孩子一定数额的钱，让孩子去买柴米油盐，让孩子体会一下钱有多么不经花，再结合口头教育，帮助孩子树立节俭和理财的意识，使孩子形成正确的消费观。

如果你的孩子也有这种想法，不妨让他当一回家庭大总管，让他掌控经济大权，看看他会把日子过成什么样。

会玩的爸爸来支招：

在国外，财商教育是家长们非常重视的问题，他们将孩子的财商、智商和情商放在一起，纳入了孩子成长教育的必修课中。他们既从长远着眼，又从日常小事着手。在一个玩具、一件学习用品、一双鞋袜、一顿饭菜等具体事情上，他们教育孩子勤俭节约，用较少的钱办更多的事情。

在中国，父母也要对孩子进行财商教育。让孩子们能够真正地学会花钱，是他们做好财商教育的基础。

必要的装备：

要玩好这个游戏，爸爸就要真正放权让孩子去做，不要管孩子怎么花钱。只有当爸爸真正放权以后，在孩子真正当家做主的过程中，才能受到教育。

让游戏更尽兴：

给孩子创造一个机会，让他当家，体验柴米油盐贵，放权给孩子，让他主持日常的消费支出。当孩子发现自己手里头的钱很快花光了，严重影响家人的生活时，他就能认识到自己的消费习惯是不好的。这时爸爸再教育孩子，就容易收到好的效果，有助于改正孩子不正确的消费观。

孩子做事没规划，和孩子一起做财务预算

以前，陈楠和爸爸妈妈去逛商店时，看到喜欢的玩具就要买，爸爸妈妈不给买，他就躺在地上耍赖。后来，爸爸在一篇文章里看到，说美国孩子很小就开始学会做购物预算了。于是爸爸将这种办法用在陈楠身上。

爸爸告诉陈楠："每次去逛商场之前，把自己要买的东西写在一张纸上，并写下大概要花多少钱。在逛商场时，遇见再喜欢的东西，如果没有在购物预算之列，只能看、摸，绝对不能买。"爸爸还规定了每次逛商场花在陈楠身上的钱的数额。

协议达成后，陈楠开始做购物预算：滑板，50～100元！爸爸一看说："这样做预算不行，因为我每次只给你50元的花费，你那滑板的价钱变数太大。"事实上，最差的滑板的价钱也接近100元，陈楠的鬼把戏被爸爸戳穿了。

陈楠又做了一个购物预算：一本书，大概15元，一个玩具水枪，大概10元，省下的钱存在爸爸那里下次买滑板。这次，爸爸对陈楠做的购物预算很满意，于是他们出发了。

既然主要目的是买一本书和一个玩具水枪，所以进入商场后，爸爸和陈楠径直来到卖书的地方。陈楠找到了自己想要的书，价钱是12元。接着他们去买玩具，陈楠很快找到了玩具

水枪，价钱是8元，这样总共花了20元，还结余30元留到下次购物。

自从陈楠学会了在购物前做预算后，他每次的预算总是高于实际购买的花费，因为爸爸告诉他，如果预算吃紧，到最后计划就会乱套。所以，每次尽量将预算扩大一点，这样便于调整。陈楠大手花钱的毛病也有了很大的改变。

很多孩子看到东西就想买，是因为他们之前没有购物目标，他们不知道自己想买什么。所以一旦有一个新鲜的商品进入他们的视线，他们就觉得好，就想买。因此，家长如果在购物之前让孩子明确购物目标，让孩子把自己想买的东西记下来，到了商场后，就直接买孩子想买的。这样不但可以节约时间，还可以防止孩子在商场里以耍赖的方式威胁父母给他们买别的东西。

当然了，有了购物目标之后，还应规定孩子的花销数额，让孩子明确这次购物我只能花这么多钱。这样孩子购物的时候才不会无休止地买，而会暗自计算自己的花费是不是超标了。如此一来，孩子花钱大手大脚的毛病就很容易得到纠正。这对培养孩子的理财能力很有帮助。

会玩的爸爸来支招：

虽然孩子在家长的引导下做了购物预算，但是到了商场，孩子还是无法抵制新鲜商品的诱惑。结果孩子把购物预算抛到九霄云外，跟父母一闹，父母就妥协了。这就导致购物预算无法得到执行，也就不会对孩子产生作用。因此，当你和孩子制订了购物预算后，一定要严格要求孩子执行。

小茹是个学习成绩优秀的孩子。由于家庭条件不错，所以父母对她的零花钱管理得非常宽松，这让小茹从小养成了花钱无度的习惯。每次逛商场，只要小茹看到喜欢的东西，她就要买。后来爸爸意识到这样下去不行，就和小茹做购物预算。可是预算虽然做出来了，但那只是一纸空文，孩子根本不按预算走。看到自己喜欢的商品后，小茹还会要求爸爸妈妈买，孩子一哭、一闹、一生气，爸爸妈妈就不忍心，就会满足小茹的要求……

后来爸爸的一个朋友建议他严格按照购物预算来管孩子。爸爸妈妈不再向小茹妥协，几次之后小茹变乖了很多，开始老老实实按照购物预算来买东西了。

要知道，在让孩子学会做购物前预算的同时，还应让孩子执行购物预算，这样才能对孩子的购物欲望起到有效的克制作用。购物预算上列有物品名称、大概价钱及总花费。每次购物前这样做，会让孩子明白：今天只能买这些东西，因为只能花这么多钱，还想买别的只能等下次了。于是孩子就得到了约束。

必要的装备：

爸爸要和孩子一起做购物预算，爸爸和孩子都要对购物清单认可，然后双方都要执行。购物预算不仅要符合家庭的购买力，还要符合孩子的购买力。

让游戏更尽兴：

每次逛商场前给孩子规定一定数额的花销，和孩子做一个简单的购物预算，让孩子明确自己的购物目标和花销数额。如果花销数额超出了预算，就要引导孩子调整购物计划，而不能向孩子妥协。否则，购物预算就失去了意义。

和孩子一起写一封信，总结过去的一年

《爸爸去哪儿》节目的最后一集，父亲给孩子们的信是不是让我们回忆起了很多我们小时候的事呢？身为爸爸，你有没有给孩子写过信呢？有没有给我们的孩子们留下成长的记忆呢？

爸爸和甜甜每年都会写一封成长回忆信，他们用甜甜平日里画得比较不错的画、受到老师好评的作文以及取得优异成绩的试卷，制作成一封封很有特色的成长回忆信。有时候，甜甜还会把爸爸给她照的相片贴在回忆信里，因为那些照片能使她回忆起一些事情。

回忆信写好后，爸爸会用一个大大的档案袋封起来，到第二年写回忆信的时候，爸爸才会和甜甜打开头一年的回忆信，重温美好的往事。

当你的孩子一天天长大，他还能记得童年里有多少趣

事，在幼儿园里得了多少朵小红花，在小学有没有当班干部，有没有获得奖状？在足球队那年赢的唯一的一场比赛里，你的儿子还记得是他为球队攻入的制胜一球吗？你的女儿还记得她那次生日的主题以及来的客人吗？他们还记得曾经陪伴过他们的玩具、图书、动画片、音乐以及他们最好的朋友吗？这些美好的回忆，如果不及时用写信的方式记录下来，那岂不是一种遗憾？因此，爸爸们赶快动手和孩子一起书写成长回忆信吧！

在每个新年到来之前，用一个礼拜的时间帮助你的孩子把这一年里发生的事情梳理一遍，记下有意义的、难忘的、令孩子有所收获的事情。爸爸们可以把写好的回忆信，装进信封封好，在上面写上将来打开信的日期。这个日期可以是孩子18岁时（成人了），可以是孩子22岁时（工作了），也可以是孩子25岁时（结婚了）……在你的帮助下，你的孩子在未来的某个日子里也许可以重拾这段美好的回忆。

会玩的爸爸来支招：

每一年孩子都长大一岁，在这一年里，孩子的身边会发生许多难忘的事情，有令人激动、快乐的事情，也有令孩子难过的事情。对于这些事情，刘先生特意为孩子准备了一个大本子，在每年腊月二十三日，和孩子一起写一年的成长回忆信。

孩子用颜色各异的彩笔，绘出一幅幅能够表达孩子心情的画，刘先生则在每幅画下面写上评语。如果是快乐的事情，刘先生会写上欢快的祝福。如果是难过的事情，刘先生会写上真心的安慰，并告诉孩子经历难过的事情是成长的必然过程，鼓励孩子微笑面对。

看着一封封充满真情的成长回忆信，刘先生和孩子感到无比幸福。

第一次和孩子写回忆信的时候，告诉你的孩子该怎样记录这一年里发生的主要事件。也许你的孩子只会记流水账，记录每月里发生的琐碎的事情；也许你的孩子只会把一次不经意的谈话或一次突发的感想写出来。为了帮助孩子把这12个月里的主要事情记录下来，你可以把笔记、突发的灵感以及报纸摘要整理成册，这样可以帮助增强回忆。

必要的装备：

如果你的孩子较小，还不会写字，你可以考虑让孩子叙述，你来帮孩子写信。信的内容可以包括过去一年里你的孩子喜欢的东西以及参加的一些活动，一定记住里面必须是孩子自己的思想或话语。总之，只要是能够记录孩子成长脚步的事情，都可以在回忆信中留下记录。

让游戏更尽兴：

回忆信不拘一格，可以任你和孩子随意创新，信写完后，可以在里面增添一些孩子的荣誉证书或者检讨书，让孩子每次看到这些东西的时候，脑海里就能浮现一件件难忘的事情。

和孩子谈谈理想

一天，窦华和儿子饭后散步，小家伙在爸爸面前蹦蹦跳跳的。窦华突然问儿子：“你长大了想干什么？”

“当厨师！”小家伙瓮声瓮气地说。

“为什么？”窦华问。

“当厨师可以给爸爸妈妈做好多好吃的。”小家伙稚气地说。

窦华当时觉得有点不可思议，因为现在的孩子说到理想就是要当大官、当大款、当明星，而自己的儿子却想当厨师，确实有点奇怪，不过窦华还是顺着孩子的话题往下说。

窦华告诉儿子，他的理想很好，想当一个厨师必须有好的厨艺，要有好的厨艺必须有扎实的文化知识，这就必须好好学习。

“嗯！”小家伙很认真地回答。窦华接着说：“你当了厨师，饭菜做得很好吃，吃的人就多了，然后你可以开个饭店，当你觉得人手不够的时候可以招很多员工或培养更多的厨师，一个饭店不行你就开分店，到各个城市去开分店，大了还可以开到外国去。”

“像肯德基一样吗？”小家伙问道。

“是的，还有麦当劳，外国人能在中国开快餐店，中国人也要到外国去开饭店，让外国人都爱吃中国菜。”窦华因势利导。

“好，我现在好好学习，将来当高级厨师，把饭店开到国外去。”孩子天真地说。

当你和孩子谈理想的时候，或许你会发现孩子的理想很特别，但是没关系，只要你稍作引导，孩子就能对理想有一个正确的认识。当孩子提出一个远大的理想时，你需要引导孩子摒弃不符合实际的、庸俗的空想，让孩子明白只有脚踏实地努力学习，才能实现理想。

理想不是招牌，过于闪亮并没有实际意义；理想不是装饰，过于豪华也不见得好。巴金老人曾说过：“理想，不管它是一团火，还是一盏灯，只要我一心向前，它会永远给我指路。”理想的实现，还有待于让孩子为其插上有力的翅膀。这就需要让孩子长好身体、学好知识、增长才干，让孩子学会做人，为实现理想打下坚实的基础。

会玩的爸爸来支招：

当孩子说出自己的梦想，而你觉得孩子的梦想遥不可及时，你会轻蔑地嘲讽孩子是在痴人说梦吗？你会对孩子这样说吗？“算了吧，我看你不行，你还是老老实实读书，将来找个安稳的工作。”如果你这样做，无疑是在扼杀孩子的梦想，这可能会毁掉孩子一生的幸福。

有个孩子的梦想是将来到英国去留学，他对自己说：“只要勇敢地去面对困难，我就会成功。”可是爸爸听了这番话，笑得前仰后合，说他有点先天不足，到四五岁时，才会说话走路，考试才得四五十分，想要实现出国留学的梦想，根本是妄想。在爸爸嘲讽的语言的屡次打击下，在残酷现实的考验下，这个孩子放弃了追逐梦想，变得自暴自弃。

我们无法预料这个孩子是否会实现梦想，但是他有树立梦想、追求梦想的权利，他的梦想值得每个人去尊重，尤其是他的父母更应该明白这点。无情地打击孩子，嘲讽孩子，是愚蠢至极的做法。正确的做法是，给孩子希望，善待孩子的梦想，这样孩子才有可能实现梦想。

必要的装备：

爸爸要让孩子多接触各行各业，让孩子开阔眼界，树立理想。

对孩子来说，离开了父母，几乎一无所有。所以，父母对孩子最好的爱莫过于给孩子提供所需的物质支持和精神支持。比如，有个放羊的孩子告诉他父亲，他想去旅游，看一看外面的世界。父亲没有阻拦他，而是给了他一笔钱，鼓励他勇敢地走出去。当孩子有了梦想之后，实现这一梦想可能要付出很多代价，爸爸应该为孩子实现梦想提供条件。

让游戏更尽兴：

有的孩子的理想非常高远，而有的孩子的理想却幼稚得令人发笑，这时候爸爸不要批评孩子胸无大志，说孩子没出息，而要引导孩子对理想进行扩展。

没有哪个人实现梦想的旅途不是充满坎坷和挫折的，但是坚强的人不会轻易放弃，而是会执着追求。当孩子在实现梦想的过程中遇到挫折，当孩子有放弃的念头时，爸爸应该及时鼓励孩子坚定自己的梦想。爸爸可以向孩子讲述这些成功人士的故事，告诉孩子追求梦想需要执着的精神。让孩子从小明白，要实现自己的梦想就要坚持不懈，不能因为任何困难和挫折而改变。

独立的空间很重要，爸爸帮助孩子建立自己的秘密世界

女儿12岁生日那天，爸爸送给她一件令她很感动的礼物——给女儿的书桌加上了一把锁。女儿看着只有自己能打开的书桌，很兴奋但又有点不好意思地对爸爸说：“还是老爸最了解我！”

然而爸爸却用一本正经的态度对她说：“我送给你一个可以让你自由成长的空间，你可以用它来装载你的小秘密，因为我知道这是你的需要和渴望。爸爸只想告诉你，我们会理解并支持你想拥有秘密的愿望，但我们要约法三章！”

说完这个开场白，爸爸又恢复了往常的幽默，继续对女儿说：

“第一，我尊重你的‘人权’，但你也要尊重我们作为父母的需要：经常和我们交流、谈心；

第二，如果有什么自己无法解决的问题，不能一个人独自烦恼，必要时一定要向我和妈妈求助；

第三，相信我和妈妈永远都在你的身边，随时愿意为你提供任何帮助。”

相信每一位父母在向孩子表明了如此开明的立场之后，孩子都会愉快地接受这份平等的“契约”。

我们应该明白，当孩子不想让你知道某些事情时，没有必要刻意追问，更不能想方设法偷偷打听、窥视。我们应该给予孩子信任，让孩子感受到我们的真诚，从而以一个真实的自己出现在家长面前。

孩子也有隐私权，作为家长，没有权力剥夺孩子的隐私权。孩子也有秘密，不想说出来的秘密，作为家长，没有理由去偷听、窥视、监视，否则就会伤害孩子。家庭教育中，我们应该以民主、协商的方式对待孩子，强制和命令不会得到好结果。

如果孩子有秘密又不告诉家长，而家长已经察觉孩子有所隐瞒，这时我们应该怎么办呢？这时孩子希望把秘密藏在心底，希望凭借自己的力量去处理，不想让父母插手。也可能这个秘密与孩子的自尊有着莫大的关系，他不愿被其他任何人发现或洞悉。这时候，切忌缠着孩子穷追猛打，不妨收起好奇心，一如往昔地陪伴在孩子身边。

会玩的爸爸来支招：

当孩子大方地把自己内心的苦恼、困惑告诉我们，并期待有所回应时，我们应该感到无比的幸福与感动。因为这寄托了孩子最强烈的热爱、信任和依赖。这时我们最应该做的，就是站在孩子的立场上体谅孩子的心情，并做出认真、积极的回应，让孩子深深感受到你对他的理解、认同与肯定。千万不要嘲笑或不屑一顾地对待孩子，甚至把孩子的秘密当做谈话的笑料宣扬出去，这样做会毁掉你和孩子深厚的感情，还会给孩子造成严重的创伤。

必要的装备：

爸爸要尽力给孩子创造只属于他们的空间，家长尽量不要去碰触这个孩子的私人空间。

让游戏更尽兴：

“孩子的日记到底该不该看？”孩子渐渐长大后，每位家长都会思考这一问题。很多家长都会认为，他们偷看孩子的日记是为了孩子好，用他们的原话来说就是：“他们的心里话从来不对我们讲，我们翻看他们的日记，是为了了解他们的心理，进而帮助他们解决一些问题。”

从家长的角度来讲，这一做法看似是一片好意，然而让我们来听听孩子们的看法：“任何人在未经我们允许的情况下，偷看我们的日记，都是违法的行为。”

随着知识的增加，孩子已经了解了一些法律知识，也有了一定的维权意识，他们经常会拿法律这个武器向偷看自己日记的家长示威。但这还不是最严重的后果，有些孩子十分看重自己的秘密，当他们发现自己的秘密被偷看之后，他们不但愤怒，而且会憎恨父母，为家长与孩子之间的沟通增添很大的障碍。

提醒爸爸们：孩子的日记家长不要偷偷看。

爸爸和孩子谈谈小秘密

在得知儿子宋小新早恋的小秘密后，宋扬并没有冲他大发雷霆，而是温和地对孩子说：“祝贺你，儿子，有了爱情说明你成熟了。”这些话让儿子有些始料不及，不知所措。见状，宋扬接着说：“谈谈你和女朋友之间的事情吧。”

见爸爸并没有责怪他的意思，孩子勇敢地说出了自己的想法：“我觉得她跟别的女孩不一样，她乐观、豁达，跟她在一块很开心。”“听你这么说，那她一定是个好女孩。上课时你会不会想起她？如果有，那肯定会影响学习效率。”宋扬平静地问他。

儿子不好意思地说：“有时候会想。”

“像你这么大时，我也曾经喜欢过一个女孩，那时候，我觉得只要能和她在一起，什么也不重要了，因此，我的学习成绩也一落千丈。后来，那个女孩也深受其害，学习成绩直线下降，我们双方都感觉这种爱变成了‘害’，就平静地分手了。”宋扬感慨地对他说。

“再后来呢？”儿子迫不及待地问。

“后来，我发愤图强，考上了一所好大学，并认识了你妈妈，然后有了这个家。”

“爸爸，我懂了。”宋小新自信地说道。“我会把这份感情埋在心底，如果我们都能有美好的前程，我们再谈也不迟。”

生活中，很多孩子碍于家长的权威，放弃了自己的恋情，但这并不代表家长胜利了。因为家长禁止孩子早恋的主要原因是怕他们因此耽误了学习，但结束了自己的恋情后，孩子们的表现如何呢？

很多孩子会萎靡不振，自暴自弃，对任何事情都提不起兴趣，严重者还会出现抑郁症。这当然不是我们家长希望看到的。也许会有家长想：如果孩子真的早恋了，我们应该怎么办，放任自流吗？

首先，宋扬没有批评或指责孩子，而是祝贺他长大了，这就使孩子没有任何思想包袱和负罪感，并且认为父母和自己是站在同一个阵营的。能够得到家长的理解和认同，孩子对家长的那种防范心理也会一点点消失，在这种情况下，他们也会主动向家长讲自己的想法。

其次，宋扬只是轻描淡写地提了一句早恋会影响学习。

在得知孩子早恋后，很多家长往往是先把孩子批评一顿，然后再大讲特讲早恋的危害。这时候，孩子就会千方百计地想理由反驳家长的观点，甚至对家长的说教充耳不闻。其实，对于孩子来说，他们思维已经趋于成熟，不必家长过分渲染，他们也知道早恋会对学习产生影响。所以说，不夸大早恋的危害，是这位爸爸的明智之举。

最后，这位爸爸以“过来人”的身份，和孩子分享了自己年轻时的故事，通过自己的事例，让儿子明白自己应该怎么做。家长的切身事例，不仅能够勾起孩子听的欲望，而且会促进他们思考，有助于他们做出正确的决定，这比单纯的说教要有效得多。

会玩的爸爸来支招：

有些爸爸一见到自己的孩子结交了异性朋友，就会胡思乱想，杞人忧天：孩子已经长大了，他们会不会发生早恋？其实，父母大可不必如此敏感。父母应该看到孩子结交异性朋友所带来的好处，比如，多几个性格、兴趣迥然不同的异性朋友，孩子会更容易看到自身存在的不足，取长补短，完善自己。

孩子需要不同类型的朋友丰富他的成长历程，孩子结交异性朋友，是孩子社交能力的扩展，父母不应该对此太过敏感，要选择支持和相信孩子，多和孩子谈论他的交友状况，引导孩子从异性朋友身上看到优点，取长补短。

必要的装备：

爸爸首先要对孩子的生活有大致的了解，然后根据孩子的特点对孩子加以引导。

对于这些早恋的孩子来说，父母的理解是把他们拉出感情旋涡最好的方法。发现孩子有早恋倾向，千万不能对孩子动手，更不能偷看孩子的隐私。我们只有尊重孩子，才能设法打开孩子的心结。早恋很正常，它并不可耻。父母要做的，就是引导孩子把精力放在学习上，然后让爱情的小火苗悄悄地熄灭。

让游戏更尽兴：

孩子年龄尚小，还不能够分清爱与好感之间的区别，往往会把一时的好感当成爱。因此，父母不必大惊小怪，不要操之过急地去盲目批评或责骂孩子，而是倾听孩子的心声，给予孩子更多的关爱，悉心指导孩子走过早恋这一时期。

孩子学习很盲目，和孩子一起参观大学校园

在孩子很小的时候，孙坚就想过，以后一定要带孩子去国内的一些名校看看，让孩子提早感受书香氛围，如果孩子就此树立了读名校的理想，那是再好不过的事情了。

2013年，孩子上五年级了，孙坚觉得，是带孩子游览名校

的时候了。他首先选择了清华大学和北京大学。为了让孩子更好地参观名校，孙坚与妻子两人还做了一些准备工作，上网查询了北大、清华的一些著名景点的路线及一些相关典故。这样可以方便给孩子介绍景点，让孩子加深印象。

暑假，一家人来到了北京。到达北京的第二天，孙坚和妻子就带着孩子参观北大去了。孙坚说，一路上，孩子活蹦乱跳，十分活泼，任何景物在他眼中都是惊喜，孩子不时地提出问题，孙坚都耐心地解答。更有趣的是，游览中途还发生了一段小插曲。在未名湖时，孩子碰到一位埃塞俄比亚的留学生，两人还用英语简单地交谈了几句，这让小家伙特别兴奋。

中午的时候，孙坚带孩子去品尝了北大燕南美食。孩子头一回看到这么好的学校食堂，饭量大增，中午吃了好多东西。

参观完北大，孙坚一家就直奔离北大不远的清华。在饱览了一些有象征意义的清华建筑之后，他们来到了朱自清先生笔下的荷塘。其实荷塘也挺普通的，只不过岸边有很多树荫，塘里有洁白无瑕的荷花。

游完北大、清华之后，他们又观赏了其他一些景点，然后打道回府。回家的途中，孩子兴奋地告诉孙坚和妻子，说北京真好，尤其是北大、清华，自己一定要好好努力，争取以后来这里上学。听孩子这么说，孙坚和妻子挺开心，觉得不虚此行。

当孩子的假期来临，你准备带孩子去哪里玩呢？海边，山林，还是闹市？有心的爸爸早就有了好的想法：带着孩子去名校游览！这既可以开阔孩子的视野，也可以帮他们树立正确的理想，让孩子在玩乐中受到精神熏陶，感受高等学府的别样风采。

我们知道，但凡参观一些不错的地方，人都会产生一种憧憬。当你带孩子去参观名校时，会被其中的文化氛围、优雅环境所吸引，孩子也会对名校产生一种向往之情。当你告诉孩子："只要你努力学习，将来就有机会来此地学习。"孩子在发现通过努力能够实现自己的愿望时，一定会增加动力，用实际行动圆自己的名校梦。

会玩的爸爸来支招：

每个家长都知道孩子上大学很重要，可是他们在孩子小的时候不注意给孩子灌输上大学的理念，等孩子上了中学、高中，再不断给孩子加强学习任务，这就容易使孩子产生厌学情绪。其实正确的做法是，让孩子从小就种植大学梦，养成一种自觉学习的习惯。

每个做父母的都希望孩子成才，虽然孩子长大后未必能真的考上名校，但是，从小在孩子心里种植一个大学梦，对孩子是没有坏处的。

必要的装备：

出游前，家长一定要多了解学校的景点，游览时，结合景物为孩子进行生动的讲解，让孩子在游玩中学到知识，增长见识，并有意识地引导孩子多看、多想、多听、多问。

让游戏更尽兴：

高等学府除了景色优美外，其包含的历史渊源、人文色彩等，也值得孩子去关注，有助于孩子感受学识的魅力。爸爸还可以鼓励孩子将游览途中的所见所闻用日记、绘画或者拍摄的形式记录下来，那将是一份很珍贵的纪念。

孩子不懂得付出，带孩子体验丰收的快乐

《爸爸去哪儿》节目中，在云南的旅程中，爸爸们去收获莲藕，在臭臭的淤泥里挖莲藕并不是一个简单的任务。爸爸们克服着各种困难挖了不少的莲藕，虽然艰苦，但是，挖完莲藕以后爸爸们收获的喜悦取代了疲惫，张亮也发出了“莲藕卖50块钱一斤都不贵”的感慨。爸爸们如果能带孩子体验丰收的快乐，让孩子投入到劳动中，孩子们一定会收获更多。

金秋十月，方俊在爸爸的陪伴下，来到山区，和当地的伯伯婶婶一起收核桃，感受丰收的快乐。看着核桃树上硕果累累，方俊非常兴奋。爸爸不让他爬树，但是他总是趁爸爸不注意，偷偷地爬到树上摘核桃。不过方俊的爬树功夫还不赖，他总能想尽办法把不容易摘到的核桃摘下来，引来农民伯伯的称赞。

在摘核桃的时候，农民伯伯还向方俊和他爸爸介绍关于核桃的知识，他们说：“核桃的皮虽然是青色的，但是里面的仁已经熟了，摘下来之后，要把表层的果壳去掉，里面还有一层硬壳。既可以卖湿核桃，也可以晒干卖干核桃。”

在体验核桃丰收的同时，方俊明白了种植核桃要花费很多心思，不但要精心料理核桃树，还要经常给核桃树除虫。这让他明白了要想收获，就必须付出的道理。

如今，很多家长喜欢带着孩子外出旅游。在此建议爸爸们，不妨带孩子多参观丰收的景象，和孩子感受丰收的快乐。这样既可以让孩子开阔眼界，增长见识，还能让孩子在收割的活动中领悟人生道理。

“你想收获硕果吗？那就从这一刻开始诚实地付出吧！”当你带着孩子望着眼前丰收的景象时，你的深情抒发会让孩子明白付出与收获的关系；当你和孩子了解到，虽然付出了很多，但是受到天灾的影响，收成可能会减产时，孩子会明白：有付出不一定有回报，因为还有很多不可预知的因素。

当孩子明白了这些，你就可以给孩子总结：“有付出不一定有回报，但是没有付出，一定没有回报。”如此一来，孩子也就懂得了这个道理。

会玩的爸爸来支招：

和孩子一起参与收割，不但可以让孩子感受丰收的喜悦，还能让孩子体验劳动的艰辛，懂得付出与收获密不可分的关系。因此，每年丰收的季节，都是教育孩子的好机会。

必要的装备：

爸爸要准备必需的工具。在出发前一天爸爸要让孩子早点休息，保证充足的睡眠。

让游戏更尽兴：

爸爸带着孩子们收获的时候，一定要多注意孩子的安全。尽量让他们做一些不太危险的活儿。同时爸爸要给孩子们讲讲收获的作物的生长习惯等，以开阔孩子的视野。

Part 6.

家庭气氛不好？和孩子一起玩一些家庭游戏

准备几个风筝，去野外一起比比看谁的风筝飞得高

把自己当成孩子，和孩子捉迷藏

讲故事不是妈妈的专利，爸爸也要给孩子讲故事

和孩子一起看一些精彩的动画片

和孩子一起玩一些益智小游戏

和孩子没话说？从交换自己身边的趣事开始

不管孩子多大，爸爸每天都要给他拥抱

全家人一起去野炊

准备几个风筝，去野外一起比比看谁的风筝飞得高

一天，李铁下班回家，7岁的女儿跑过来拉着他的手说："爸爸，爸爸，老师让我和爸爸明天去外滩公园放风筝。"李铁想到明天是星期六，自己平时也很少陪女儿，就答应了。女儿非常高兴，蹦蹦跳跳地跑到厨房把这个消息告诉了妈妈。

第二天，女儿早早地起床，在李铁的陪同下，来到外滩公园的广场上。那里人很多，有的爸爸也和孩子在那里放风筝。看着孩子们兴奋的表情，李铁感觉幸福极了。李铁准备指导女儿，女儿却有点儿迫不及待了。忙活了大半天，她的风筝也没飞起来，急得满头大汗。最后还是在李铁的帮助下，才把风筝放飞到了高空。

渐渐地，天空的风筝越来越多，李铁和女儿的风筝越飞越高。看着女儿仰望高空，小脸上露出快乐的表情，李铁也感到很快乐。

平日里忙于工作的爸爸们，不妨选一个风和日丽、万里无云的周末，带着孩子到户外的广场上放风筝。当孩子通过努力，把风筝放飞于高空时，孩子的梦想也会跟随风筝起飞。在这个过程中，你可以和孩子分享快乐、交流感情，这是一个很

好的亲子活动。

放风筝不仅是一种休闲娱乐活动，还能培养孩子的耐心和不骄不躁的性格。因为放风筝既需要技巧，又需要耐心。当孩子经过努力，把风筝放飞时，他会有一种成就感。这会给孩子带来欣喜和快乐。

带着孩子去放风筝，看到孩子尽情地嬉戏、玩闹，爸爸们也能想起自己的童年。当爸爸和孩子眺望自己的风筝摇曳于万里晴空时，专注、欣慰、恬静，这种精神状态会使你忘记工作中的烦恼，使孩子进一步感受童年的欢快。

小小的风筝是很有意思的，爸爸要让孩子知道：放飞风筝不是一件容易的事情，要学会借助风力；要一步一步稳稳地放线，不可放得太快；线不能拉得太紧，否则会过分束缚风筝，有挣断的风险，但也不要放得过松，那样不利于控制风筝。

会玩的爸爸来支招：

孩子如果不会放风筝，爸爸要教孩子一些放风筝的技巧。放风筝时爸爸可以和孩子互相配合。一个人拿好风筝，用手抓住风筝骨架的中心条，站在风筝背后或侧后，将风筝举起，使风筝略向前倾斜，往前跑。另一个人右手拿线拐，左手拿风筝线，把线慢慢放出10~20米，线要拉紧。当风力比较合适时，持风筝的人要慢慢松手，而拿线的人需要根据风筝的上升方位和风势，不断调整自己的位置和拉线的力度，使风筝顺利升入高空。

必要的装备：

爸爸需要准备一只能够飞得很高的风筝，一捆足够长的风筝线。在户外活动要及时给孩子补充食物和水分，爸爸可以多带上点洗好的水果和白开水。如果阳光强烈，还要考虑给孩子带防晒霜。

如果爸爸能够自己动手做一个风筝，那么放风筝的游戏就会更有意义了。当爸爸和孩子一起放飞自己做的风筝的时候，孩子会更快乐。在这个过程中，能培养孩子的动手能力，何乐而不为呢！不如现在就开始动手，和孩子一起做个风筝吧！

让游戏更尽兴：

和孩子一起去放风筝是快乐的，但放风筝不是一件容易的事情，爸爸有必要给孩子讲讲放风筝的注意事项，以使孩子的风筝能扶摇直上。爸爸带着孩子放风筝时要注意，要远离高压线电塔、电线杆等设施；还要留意气候变化，如有台风、雷击现象，应马上停止活动并远离空旷处。放飞风筝时应选择适合且能配合风速的风筝，切勿轻视强大风速的力量。还要注意的是，放风筝应选择空旷处，如公园、海滩，避免障碍物。

把自己当成孩子，和孩子捉迷藏

没有哪个孩子不喜欢玩捉迷藏，孩子们的童年里一定有玩捉迷藏的美好回忆。爸爸们如果能和孩子玩一玩捉迷藏的游戏，也一定会给孩子的童年留下美好的记忆。

周末的上午，梁园写完作业，想放松一下，于是对爸爸说：“爸爸，和我玩捉迷藏吧！”爸爸看了一上午的电视，也觉得要放松一下，就高兴地答应了。

首先梁园让爸爸蒙上眼睛，她藏起来。可是藏到哪里去才不会被爸爸找到呢？藏到桌子底下吧，不行，爸爸一眼就能看到；藏到被窝里吧，会拱起一个小“山包”，也不行；藏到窗帘后面吧，会露出小“猪脚”，更不行。哦！对了，梁园想起有一个地方可以藏身——卧室的衣柜里，那个衣柜又大又宽，小梁园躲在里面绰绰有余。

梁园蹑手蹑脚地来到卧室里，轻轻地脱掉鞋子，悄悄地爬进衣柜，又用衣服和布娃娃把自己挡住。不一会儿，爸爸开始找梁园了。

爸爸在屋里找了好几个来回，依然没有发现梁园的影子。只听见爸爸自言自语道：“又跑出去玩了吧，不找了！”梁园知道，这是爸爸欲擒故纵的战术，她已经上了好几次当了，这次坚决不能上当。果然，不一会儿爸爸又找回来了，想做更细致的侦查。

正在梁园暗自庆幸时，爸爸打开了大衣柜，把梁园吓得不敢出声。幸运的是，爸爸只是随便瞧了一眼，就关上了门，并没有发现梁园。梁园心里悬着的大石头终于落地了。爸爸没有找到梁园，喃喃地说：“哼！看她回来我不收拾她！”然后像一只斗败的公鸡一样，坐在沙发上看电视。

梁园心想：笨爸爸！谁让你不是福尔摩斯呢。于是便给他提供了一条线索，她在柜子里大声喊了一声：“爸爸！来找我呀。”爸爸听见了梁园的声音才知道梁园没有出去玩。这时他发现了大衣柜下面的鞋子，才知道梁园在大衣柜里。他打开大衣柜，在里面翻找，梁园见纸包不住火了，“扑哧”笑了一声，赶忙跑了出来……

捉迷藏是孩子们经常玩的游戏。在游戏中他们会想尽办法躲到别人找不到的地方，希望自己不是第一个被找到的人。每次找与被找，都会产生兴奋和紧张的心理，都能引起孩子的尖叫和欢呼。爸爸和孩子玩捉迷藏，对爸爸来说可以释放压力，对于孩子而言，若能让爸爸找不到他，那会让孩子产生一种巨大的成就感。

捉迷藏的过程中，孩子需要躲藏，这促使他不得不考虑躲在哪里不会被发现，他会站在对方的立场上看问题，会想：如果我躲在这里，他会怎样发现我呢？因此，他必须揣测别人的所思所想，尽量躲在一个超出别人意料的地方。这样一来，孩子的揣测能力就能得到锻炼。

此外，在孩子被找到的那个瞬间，他必须控制自己，包括动作、声音乃至呼吸，都要尽可能做到平静而不被发现。这就是对孩子心理素质的锻炼，如果孩子紧张，他就很可能露出破绽，被人发现。所以说，不要小瞧简单的捉迷藏游戏，它对孩子的成长是很有益处的。

会玩的爸爸来支招：

在和孩子捉迷藏的时候，尽量让孩子体验不同的角色，既让孩子当躲藏者，也让孩子当寻找者。

在玩捉迷藏的时候，爸爸和孩子都要遵守游戏规则，如果孩子用不正确的方式玩这个游戏，爸爸应该指出来。因为这也是教育孩子按规则办事的好机会。

必要的装备：

玩捉迷藏的游戏要选择一个安全的地方。如果在家里玩，爸爸要告诉孩子窗台上等危险的地方不能藏人。

为了激发孩子玩捉迷藏的兴趣，爸爸最好先藏在一个孩子容易找到的地方，再慢慢藏得更难找一点儿。一点点增大难度，孩子才会越玩越来劲。如果第一次就藏得让孩子找不到，势必会影响孩子的兴致。

让游戏更尽兴：

捉迷藏是小孩子最喜欢玩的游戏之一。但是，在游戏的过程中存在着不少安全隐患。比如，有些孩子对危险缺乏认识，在室内玩捉迷藏时，喜欢爬到窗台上藏在窗帘后面，常因不小心而坠楼；或者躲藏在箱子或橱柜里被反锁而造成窒息等事故。

同样，在户外玩捉迷藏，也要注意安全。比如，有的孩子躲藏在汽车底下，造成碾轧事故；还有的孩子进入封闭的施工工地游戏，掉落到尚未安装电梯的电梯井道里等。

游戏过程中，年龄小的孩子还不善于识别危险情境和不安全的行为，因此爸爸们要注意结合平时的生活，因地制宜地对孩子进行安全教育和指导。

除明确告诉孩子哪些地方不能躲藏之外，还要告诉孩子在游戏时应该注意的一些安全小常识，比如，告诉孩子如果躲在大橱里别把橱门关得太紧；藏在窗帘后要检查窗户是否关紧；如果藏在门后小手不要放在门缝里；藏在橱柜底下出来时注意别碰头等。

讲故事不是妈妈的专利，爸爸也要给孩子讲故事

在《爸爸去哪儿》节目中，我们经常看到爸爸们在孩子入睡前会给孩子讲一些故事，或者给孩子讲讲当天的经历，让孩子总结哪些方面需要改进，哪些方面做得足够好。睡前的一段时间，是孩子们和爸爸共处的最欢乐的时间。

宋先生平时的工作特别忙，照顾孩子的任务主要由爱人来完成。难得闲下来的一个周末，宋先生给爱人放了个假，让她出去散散心。宋先生开始了独自带孩子的一天。

中午了，宋先生和儿子叫了外卖，吃完饭该睡觉了，孩子怎么也不睡，非要让爸爸讲故事。爸爸想了想，给儿子讲起了孙悟空的故事。爸爸按照自己的理解，除了讲了孙悟空的故事以外，还告诉孩子，孙悟空是先学习了本领，然后长了本事才被委以重任陪唐僧去西天取经的。在孙悟空去西天取经的过程中，遇到数不清的妖魔鬼怪，只有勇敢杀敌，不断挑战才能取到经书。孩子听着爸爸讲的故事和分析，越听越来劲。爸爸接着告诉儿子，现在的孩子上学就跟孙悟空学本事是一个道理，只有好好学习，才能充实自己，只有充实了自己，才能被委以重任。爸爸给孩子讲完了故事，看孩子似懂非懂的眼神，又帮孩子分析起来。一直到妈妈回来，爸爸还在帮孩子分析，怎么样才能掌握好本领。

爸爸给孩子讲故事和妈妈给孩子讲故事不同，妈妈给孩子讲的故事大多很温暖，爸爸给孩子讲的故事大多是把大道理隐藏在小故事中。经常给孩子讲故事，能拉近亲子关系，而且能让孩子从爸爸的视角来认识世界。

会玩的爸爸来支招：

根据孩子的年龄来选择适合的图书。

（1）1～3岁：孩子天生喜欢听故事，但是这个时候的他注意力还集中不了太多时间。也许爸爸讲得正带劲的时候他就跑了。那也没关系，就拿出爸爸的“绝活儿”，跟他疯一阵儿，再说。

不仅是故事书，撕纸书、触摸书、外形不规则的书都应该让宝宝接触一下。故事的画面也不要总是可爱的卡通形象，真实的照片、泥塑、剪影、剪贴纸或者油画组成的故事会让宝宝有不同的感受。

（2）3～5岁：这个时候爸爸讲的故事应该蕴含一些道理了。故事应该成为父亲与孩子沟通的桥梁。爸爸可以在每天的故事时间里和宝宝分享生活的体验，帮助孩子建立起乐观、积极的世界观和人生观。

一本好看的书，一个好故事能让爸爸和宝宝共同享受讲故事的时光，能让孩子听了有自己的感受，能让爸爸讲完也觉得回味无穷。现在很多优秀的绘本都很符合这个双重“享受”的要求。

必要的装备：

爸爸要抽出时间，选择好故事书。

让游戏更尽兴：

爸爸可以在给孩子讲完故事以后，让孩子按照书中的情景表演。爸爸还要重视孩子提出的问题。无论什么问题，爸爸们都要认真回答，不能应付，保护孩子的好奇心。

和孩子一起看一些精彩的动画片

《爸爸去哪儿》节目的最后一节中，几个孩子在雪乡玩丢手绢的游戏，谁被抓住了就要表演节目，大家一定还记得Cindy和爸爸的那段葫芦娃的对话。小Cindy古灵精怪的表演和爸爸一板一眼的配合，让我们看到了父女俩的默契配合，也看到了动画片带给孩子的快乐。

一个周末，赵刚闲着无聊，索性和女儿在家里看动画片《大英雄狄青》，赵刚觉得很过瘾。因为这部动画片让赵刚对英雄狄青钦佩不已，狄青那勇敢善战、精忠报国、聪明能干、豪情正义的形象让赵刚和女儿难以忘怀，就连一向不爱看动画片的妻子也凑了上来，加入了父女的队伍中。

赵刚觉得这部动画片给了女儿极大的正面教育，女儿表示要向英雄学习。这也让赵刚重温了儿时的梦想，让他的心灵再一次因受到洗礼而震颤。动画片里还有一个百花公主，她聪明美丽，有着极高的领导才能。赵刚一边看动画片，一边引导女儿相信：女孩子和男孩子一样可以顶天立地，自立自强，还给女儿讲了花木兰的故事。

这次经历让赵刚感到，和孩子一起看动画片是人生一大乐趣，既可以和孩子交心，又可以让自己回到童年时代。

动画片是孩子成长的伙伴，影响着孩子的童年生活，潜移默化中让孩子对这个世界有了最初的认识，对美丑、善恶、是非有了最基本的判断。看动画片对孩子的成长有很多帮助：

第一，可以开发孩子的想象力。动画片里的故事充满了奇思妙想，能够激发孩子的想象力，还可以帮助孩子忘记现实中的烦恼。

第二，培养孩子的幽默感。滑稽、幽默是动画片的基本格调之一，孩子长期受动画片的影响，就算学不会创造幽默，至少也能具有幽默的气质，懂得欣赏幽默。

第三，满足孩子的求知欲。孩子从蹒跚学步开始，他们的视野越来越开阔，对人和物的好奇心也越来越浓厚。他们喜欢问为什么，动画片中提供的回答非常形象生动，易被孩子接受，让孩子印象深刻。

第四，净化孩子的心灵。高质量的动画片都宣扬真、善、美，从而给孩子提供学习的榜样和模仿的对象，促进儿童是非观念的形成，有利于培养孩子良好的道德品质。

动画片的好处之多是显而易见的，但是任何事情都有两面性，动画片也会对孩子产生不良的影响。所以，家长不能把孩子完全交给动画片，放任不管，否则孩子会把动画片中的一切照单全收，那些品位不高、制作粗劣的动画垃圾，会污染孩子稚嫩的心灵。正确的做法是时常陪孩子看动画片，走进孩子的动画世界，及时对孩子进行引导和教育。

动画片是童年的一种标志，是孩子成长的一块净土。

许多动画在细节中透露出了对真善美的追求。陪孩子看动画片不仅让孩子感到快乐，还能让你从动画片中学到很多东西。

动画片是孩子的精神乐园，陪孩子看动画片，走进孩子的动画世界，你就会更加懂得用孩子的眼光看待孩子，这将有助于你更好地教育孩子，让孩子更好地感受到父爱。

会玩的爸爸来支招：

如果孩子痴迷于动画片，爸爸就要管管了。不能让孩子在动画片上花费太多的时间和精力。

豆豆特别喜欢看动画片，而且到了痴迷的程度。每天下午放学回家，丢下书包就坐在电视机前，看完这个频道的动画片，又看其他频道的动画片。如果父母不管他，他就会一直看下去，严重影响了学习和正常的生活。

后来豆豆的爸爸决定和儿子一起看动画片，看了四五十分钟的时候就提醒豆豆休息一下，然后告诉他长时间看下去不仅对眼睛不好，而且影响正常的吃饭。吃完饭后，爸爸又引导儿子自主学习，有空的时候还会陪他一起学习、一起聊天。通过这种办法，爸爸控制了儿子看动画片的时间。

有一次，爸爸和豆豆看“大头儿子和小头爸爸”，边看边对儿子说：“你看大头儿子整天多快乐，多么勤劳，他的童年生活多充实啊！”动画片中，小头爸爸对儿子的宽容和理解，也给了爸爸很多启示。

很多孩子对动画片非常感兴趣，经常痴迷于观看动画片，这不但影响了孩子的视力，还导致了孩子无法按时完成老师布置的作业，给孩子的正常生活带来干扰。作为父亲，有必要教育孩子控制好看动画片的时间，注意休息。

必要的装备：

爸爸要帮孩子选择一些质量好的动画片，帮助孩子在看动画片的同时学到些知识，不要让孩子接触太过暴力的动画片。

让游戏更尽兴：

在动画世界里，孩子既可能得到快乐，学到很多知识，也有可能沉迷于此，模仿其中的不良行为。这就需要爸爸在陪孩子观看动画片的时候，试着对孩子进行正确的引导。

首先，帮孩子选择积极健康的动画片，剔除那些含有暴力、色情或恐怖情节的动画片。因为孩子具有很强的模仿能力，尤其是男孩子，他会模仿动画片中的人物的行为。此外，有的孩子会被恐怖的、暴力的动画惊吓，产生恐惧心理。

其次，控制好孩子看动画片的时间。如果孩子已上学，平时尽量少看动画片，在周末，你可以陪孩子一起观看，但时间不宜过长。

最后，看动画片和阅读同步进行。有些动画片是和书籍同步发行的，你可以给孩子买回相关的书，让孩子多看书，这样不仅可以防止孩子迷恋电视，还可以培养孩子的阅读兴趣。

和孩子一起玩一些益智小游戏

家长孙坚是儿子的玩伴，经常在下班之后和儿子玩数学游戏。那天上楼之后，孙坚问儿子："我们从一楼走到四楼，李叔叔从一楼走到二楼，我们走过的路程是李叔叔的几倍？"

"两倍。"儿子想都不想便回答。

孙坚笑着摇摇头，儿子恍然大悟，说："哦，我知道了！一楼不用爬楼梯，我们走了三层，李叔叔只走了一层，我们走过的路程是他的3倍！"儿子对自己的"发现"感到十分满意，那一天他做起数学作业来都显得特别用功。

每天孙坚都会抽时间和孩子玩数学游戏，有时孩子也会出题考他，甚至常常把他难倒：

"8根火柴怎样拼出14个正方形？"

"从1到100的所有偶数的和比所有奇数的和大多少？"

孙坚思索、再思索，然后是欢声笑语充满房间。

类似的游戏每个爸爸都可以和孩子一起玩。游戏是孩子表达情绪、想法和行动的工具，而爸爸的陪伴和参与能够增加孩子的安全感和灵感，使孩子玩得更尽兴、更快乐。而且游戏可以对孩子的视觉、听觉、触觉、动作等进行训练，使孩子各方面的素质在游戏中得到提升。

喜欢玩游戏是孩子的天性，在开开心心玩游戏的过程中，孩子的大脑会处于兴奋与开放的状态，人而能够接受更多的信息，为成长准备优质的精神元素。在孩子小的时候，爸爸多和孩子做一些思维游戏，对爸爸和孩子来说都是一种享受，爸爸可以从游戏中体味到孩童的欢乐，孩子也能从游戏中锻炼自己的思维能力。

游戏本身就是一种学习，是孩子获取经验、提升智力的妙方。日常生活中类似的游戏很多，只要爸爸做个有心人，抓住契机对孩子进行引导，就能很好地培养孩子的自发性、创造力、好奇心、想象力、探索精神、冒险精神及处事能力。

会玩的爸爸来支招：

如果爸爸们不知道跟孩子玩什么游戏，就玩玩下面这些游戏吧。

1. 串木珠

准备一些颜色各异、大小不同的木珠和细线。这个游戏有两个阶段：首先先拿3颗木珠，给孩子看了以后藏起来，让孩子在剩下的木珠里也拿出相同数目、相同形状、相同颜色的木珠。

孩子顺利完成这一阶段后，爸爸就要增加游戏的难度。

拿出3~6颗形状不同、颜色不同的木珠，然后用细线把它们串起来。在这个过程中，要让孩子在旁边仔细看，然后让孩子根据自己的记忆完全仿效爸爸的做法，把相同数目、相同形状、相同颜色的木珠串起来。

爸爸也可以用其他的方式，把排序、大小等知识渗透到游戏里，比如让孩子把木珠从小到大串起来等。

串木珠游戏不仅锻炼了孩子小手的力量，也提高了孩子的观察力、记忆力及思维的流畅性和敏捷性。

2. 教孩子做鸡蛋饼

孩子在4岁之前，一般不会把两个或两个以上的物体组合成另一物体，但他们对这方面的事物会很感兴趣。爸爸可以在孩子面前演示鸡蛋饼的做法。当孩子仔细观察爸爸制作鸡蛋饼的过程后，就有动手做的欲望。他可能会想：爸爸在饼里加入鸡蛋，如果我把巧克力、牛奶加在饼里会怎么样呢？当孩子真的按照自己的想法亲手调制时，孩子就在发挥自己的创造力了。

现代孩子习惯了饭来张口的生活，他们不知道父母如何烹饪出美味的菜肴。这时如果父母把几款简单的菜肴的烹制方法教给孩子，让孩子在合适的时候给家人做几道小菜，不但能激起孩子的表现欲望，还能培养孩子的感恩之心，让孩子知道付出也是快乐的。

3. 让孩子把不同物品分类

日常生活中，爸爸可以给孩子提供一些具有共同特征的不同类物品，例如让孩子从汤匙、汽车、铁币、钥匙、回纹针等物品中总结出它们的共同特征并重新进行分类；也可以给孩子提供数字、符号、人物、颜色、食品、形状、字词等材料，让孩子根据其特性进行分类。

面对形状各异的物件、五颜六色的图片、不同形状的符号，让孩子在观察、总结他们共同特征的过程中，锻炼思维能力。

必要的装备：

爸爸事先了解游戏，然后准备游戏需要的道具。爸爸如果没时间准备，可以让妈妈和家里其他人帮忙准备。

让游戏更尽兴：

当孩子在玩游戏的时候，他们可能会提出一些比较特殊的要求。这时，爸爸不要不理不睬，而应尽量帮助孩子。比如，为孩子提供各种各样的游戏材料，如小纸片、种子、泥土、小剪刀、积木、水、沙、颜料、空纸盒等，让孩子开动脑筋去玩游戏。当然，给孩子提供帮助需要把握一个度。比如，孩子在游戏中遇到了困难，爸爸要给孩子自己想办法解决问题的机会。当孩子确实无能为力时，再给孩子一些帮助。这样可让孩子在各种活动中体验生活、学会思考。

和孩子没话说？从交换自己身边的趣事开始

一天下班回家，爸爸把儿子叫到跟前，说："来，爸爸今天给你讲一个自己亲身经历的故事。"儿子高兴地拍着手。爸爸说："几天前的一个晚上，天正下着大雨，我开车行驶在回家的路上。突然，我看见一个老人在路边向我招手，于是我停下车。老人说希望我能带他一程，我想了一下就答应了。老人在下车的时候，给了我200元钱，对我表示感谢，但是我拒绝了。老人很感动，把我的手机号要去了。第二天，他特意给我打了一个电话，对我表示感谢。"

听了这故事，儿子很是不解，就为了那点小事，怎么用200元钱表示感谢呢？爸爸解释道："得到别人的帮助要表示感谢。"接着儿子又提出了一个疑问："你为什么不要他的钱？"爸爸说："帮助别人能获得快乐，快乐就是最好的报酬。"最后，儿子懂了生活中应该努力帮助别人，并且不图回报；得到别人的帮助后，一定要真诚地表示感谢！

同样一件事情，发生在不同的人身上，对孩子的吸引力是不一样的。爸爸是孩子最亲密的人之一，发生在爸爸身上的事情，对孩子的吸引力是非常大的。而且爸爸可以巧妙地将教育主题蕴藏在故事之中，讲完故事后再稍作引申，使孩子明白故事揭示的道理。

经常跟孩子讲发生在自己身上的故事，让孩子了解爸爸为人处世的方法，这样能起到很好的言传身教的作用，使孩子不知不觉就把爸爸当作学习的榜样。

会玩的爸爸来支招：

如果孩子害怕某一件事情，爸爸也可以通过小故事让孩子解除顾虑。比如，一个孩子害怕鬼，爸爸告诉他没有鬼，可是孩子就是不相信。有一天，爸爸灵机一动，就给孩子讲了自己小时候的一个故事。

“小时候，我常常为了1分钱而缠着奶奶，那时候1分钱的用途很大，可以买1个糖果，或1寸[①]长的甘蔗。当时，爷爷奶奶辛苦劳动一天就只能挣到7分到1角钱，而这个钱必须等到年末分红时才能拿回来换成粮食。平时，家里基本上没什么钱。我们小孩子的压岁钱也只有2分，我每次向奶奶要零花钱就只能讨到1分钱。

“一个夏天的晚上，我向奶奶讨1分钱，但是奶奶没有给我。于是，我就哭了。一直哭，越哭越大声，哭得天昏地暗。奶奶烦了，干脆睡觉去了。这时，天完全黑了，我还伏在大门槛上继续哭。突然我把头抬起来，看见门外有两只拳头大的眼睛在瞪着我。我吓坏了，马上躲进了屋里，爬到床上，用被子把头蒙起来。

---

① 1寸≈3.333厘米。

“第二天，我把昨晚见到的东西告诉了小朋友。大家都说我见到了鬼。从此以后，我再也不敢哭了。后来，有一个晚上，我又看见屋顶上有两个弹珠大小的蓝色物体，忙问大人那是什么。大人说那是猫的眼睛。大人还说黑夜里猫、狗、牛等动物的眼睛都会发出蓝光。这时我才明白了那天晚上看到的应该是一头牛的眼睛。”

相信孩子听了这个故事后，不会再相信这个世界上有鬼了。许多东西我们之所以害怕，是因为不了解。当你知道、熟悉之后，一切就都会显得平常了。

必要的装备：

爸爸们要经常给孩子讲讲自己的故事，然后告诉孩子，每个人身上都会有有趣的故事发生，要想记住就要用笔记下来。如果孩子喜欢画画，爸爸还可以提议孩子把发生的事情画出来。

让游戏更尽兴：

年幼的孩子都喜欢听父母讲故事，听着故事，孩子会展开无限的想象；听着故事，孩子的好奇心会不断被激发；听着故事，孩子会从中得到启示。每个父亲都有刻骨铭心的经历，讲出来给孩子听，那就是最生动的故事。这些故事可以给孩子启示和教育，可以让孩子体会到父亲的不易，从而让孩子更加尊敬父亲。

不管孩子多大，爸爸每天都要给他拥抱

《爸爸去哪儿》节目最开始，Cindy面对陌生的环境，离开平时带她的妈妈，非常不适应，所以经常哭鼻子。面对情绪低落的女儿，田亮的拥抱给了Cindy最温暖的依赖，她渐渐地止住了哭声，加入了小伙伴们的队伍。如果爸爸们总是很忙，那么，不妨多给孩子一些拥抱吧。这会成为孩子童年最温暖的记忆。

曾经看到过这样一个故事。有一位父亲和他那上了初中的儿子交流很少，每次在儿子犯错，父亲教育他时，两人就会发生冲突。据这位父亲说，儿子一听他的话就生气，根本不考虑他说得对不对，或者干脆走开。后来有人给这位父亲提了一个建议。这个建议到底是什么呢？

一天下班回家，儿子给他开门，门一打开父亲就走上前去把儿子紧紧抱在怀里，对孩子说：“傻孩子，你怎么不理解爸爸的心啊！”说完父亲哭了，孩子也哭了，两个人抱头痛哭，所有的怨言、怨恨，所有的敌意、隔膜都消解了。从那以后，孩子就像变了一个人似的。

拥抱孩子是一种良好的亲子沟通方式。研究表明，婴儿如果长期缺乏拥抱，就会爱哭、易生病、情绪烦躁。就算孩子渐渐长大学会独立，他们仍然需要父母这种身体的“支持”。拥抱孩子是在告诉他们，无论什么时候，无论你遇到了多大的困难，父母都会一直和你在一起，爱你的心永不变。拥抱是一种无声的语言，对于很多爸爸来说，你没有那么多时间用语言向孩子表达爱，这时就可以用拥抱来取代。

一位父亲说，他的儿子对他说了一句话：“爸爸，你要是能像我小时候那样天天抱我该多好。”这名家长对孩子的要求很不屑一顾：“你都这么大了，还要我抱，一点独立性都没有。”其实拥抱并不妨碍孩子独立性的培养，拥抱是一种情感交流，是一种温情传递，会给孩子注入幸福感，会给孩子带来力量，对孩子的成长和独立很有好处。

会玩的爸爸来支招：

每天给孩子三个热情的拥抱。

每天给孩子三个拥抱，可以弥补你因为早出晚归、忙于工作给孩子带来的不良影响。

早晨给孩子第一个拥抱：每天早上，给孩子一个拥抱。让孩子在每一天的开始有个好心情。我们经常听到很多父母唠叨：“你怎么搞的，起床这么慢？”“你怎么只吃这么一点？”“你到底是缺了哪根筋，怎么丢三落四的……”这些情绪化的语言只会让孩子不舒服，从而影响他一天的情绪。

其实，即使孩子做错了事，或是任性、发脾气，你也应该先给孩子一个拥抱，然后再把你的想法告诉孩子。这时即使你唠叨，孩子也乐意接受。美好而快乐的一天便由此开始。

傍晚下班回家，进门的那一刻给孩子第二个拥抱：傍晚回家了，很多爸爸们会把包往沙发上一扔，然后躺在沙发上，用充满疲惫的语气和孩子说话，问："今天在家过得好不好？"孩子会干脆地说："好！"实际上这是在拒绝爸爸的询问，因为他觉得爸爸并不重视他。

所以，无论你手头有多忙，请放下手头的报纸或正在移动的鼠标，给孩子一个热烈的拥抱，这会让孩子有"回家"的感觉，他会觉得你的注意力全部放在他的身上，从而乐意和你分享他的快乐与烦恼。

在孩子睡觉前给孩子第三个拥抱：很多爸爸第二天还要上班，恨不得把孩子早点哄上床。但是孩子会从父母敷衍的态度中看出大人的不耐烦，然后会以同样的不耐烦来对付父母。事实上，爸爸只需要在孩子临睡前坐在他的床边，给他讲几句亲热的话，再轻轻地拥抱一下孩子，孩子就很容易带着你的关爱进入甜美的梦乡。

必要的装备：

这个真的不需要准备什么，只要带上爱心和耐心，就足够了。

让游戏更尽兴：

拥抱会给孩子一种力量，它是借着身体的接触来告诉孩子，你永远爱他。这种爱将变成孩子生命中的一个重要的部分。除了每天的三个拥抱，你还需要把握好拥抱孩子的时机，比如当孩子哭泣时，在孩子刚睡醒时，在孩子受挫时，等等，拥抱孩子时要温柔一点，切忌动作粗鲁，杜绝没有感情的拥抱。

全家人一起去野炊

《爸爸去哪儿》节目中，几个爸爸带着孩子在宁夏沙坡头的那顿用自己钓的鱼做晚餐是不是很有意思？当几个爸爸钓起了鱼，孩子们是不是都觉得很有成就感？如果爸爸们在生活中也带孩子去野炊，从野外取材自己动手做饭，这对孩子来说太有诱惑力了。

春暖花开，外出春游野炊，成了不少家庭的首选活动。于美美的爸爸妈妈利用周末休息时间，带着她以及几个要好的小朋友去野炊，享受大自然的美景。

他们每人骑着一辆自行车，在乡间小路上行驶，边骑车边欣赏周围的景色。这可真美啊！油菜花一朵朵、一簇簇，好像画家笔下的小金鱼。在高大的山上，漫山遍野都是红色的、紫色的映山红。

他们骑了将近3公里，这时，于美美和几个小朋友又累又饿，但是他们都没有告诉爸爸妈妈，因为他们知道这正是锻炼毅力的时候，突然爸爸大声说：“把车子推下去，野炊地点到了。”于美美和伙伴们顿时非常兴奋。

“哇！”一个小伙伴情不自禁地叫起来，这儿的水真清澈，湖对岸还有连绵起伏的高山，真是一个依山傍水的好地方。爸爸妈妈找来几块石头搭好灶台，然后放上小锅，生起火来。看着袅袅炊烟腾空而起，孩子们兴奋地手舞足蹈。

当于美美的妈妈炒菜时，有的孩子在一旁帮忙择菜、洗菜，有的孩子在一边唱着欢快的歌。而于美美则跟着爸爸到水边钓鱼，妈妈还等着他们的鱼下锅呢！

很快，饭菜也做好了。爸爸铺开一张塑料台布，放上食物，于美美和伙伴们便狼吞虎咽地吃了起来。吃饱后，他们来到河边玩耍，还在大石块下捉到了跟小拇指一样大小的螃蟹。

过了一会儿，他们依依不舍地离开了这个美丽的地方。

在孩子中间，每当提起野炊，都能激发出他们的幻想和激情。因为野炊确实是非常有意义的活动，不但可以欣赏大自然的风景，呼吸新鲜的空气，还能让孩子体验一种不同于市内的生活方式，从而让孩子感受一下远古人类的生活，扩大视野、增长见识。所以，几乎每个孩子都希望在父母的陪伴下，进行野炊活动。

置身于野外，没有了锅、碗、瓢、盆等一应俱全的生活家具，做饭、炒菜都会遇到不小的困难，这时候爸爸可以考验一下孩子，让孩子开动脑筋想办法，比如，怎样搭灶、怎样取水、怎样获取野菜。让孩子在现有的条件下，和爸爸妈妈一起想办法克服困难，为了能吃到香喷喷的饭菜而努力。当你和孩子如愿做出了香喷喷的饭菜时，相信孩子会感到非常自豪，因为这其中也有他的付出和努力。

这样的活动，既能锻炼孩子的动手能力，提高孩子野外生存能力，又能锻炼孩子的意志力。时常和孩子出来野炊，能让孩子的身心得到放松，也能让孩子认识到美好生活的来之不易。

会玩的爸爸来支招：

孩子们对野炊的感兴趣程度远远超过了野餐。爸爸不要让野餐代替野炊。

李先生和妻子带孩子出去野炊，他们在出发前就煞费苦心地准备了海参、汉堡包、螃蟹、薯片。到了目的地后，他们在地上铺了一张塑料布，把行李放在上面，拿出坐垫让孩子坐下，然后把带来的食品给孩子。就这样，三口之家一边吃一边聊，虽然李先生和妻子心情还不错，可是孩子的脸上似乎没有兴奋的表情……

试问，这叫野炊吗？所谓野炊，就是在野外生火做饭，少了这一关键步骤，野炊就变了味。原本孩子在家里就很少有机会做饭，到了户外，如果还不给孩子创造一个做饭的机会，那真是太遗憾了。

必要的装备：

带孩子外出野炊，并不只是让孩子出来享受野菜、野果子以及野外的风景，还应给孩子锻炼的机会。比如，没柴火了，让孩子去找点干柴；没水了，让孩子想办法弄点水来；没菜了，让孩子找点野菜，等等。只有让孩子参与其中，开动脑筋想办法解决问题，孩子才能真正有所收获。

让游戏更尽兴：

现在，很多父母生怕委屈了孩子，当学校组织孩子们外出野炊时，最忙活的是家长，他们把孩子的包包塞满了食品，又是鸡翅，又是汉堡，还有许多零食，以防孩子吃不惯野外的饭菜，担心孩子饿肚子。

其实，这样做有点画蛇添足，孩子们并不希望父母这样，他们希望有机会自己动手做饭做菜，这样他们才觉得有意思。因此，带孩子去野炊时，不必准备那么多食物，而应鼓励孩子利用现有的条件，做出可口的饭菜，体验野炊中的乐趣。

Part 7.

孩子太贪玩？爸爸陪伴孩子学习的方法很重要

识字的游戏也能很欢乐

童童很喜欢和爸爸一起玩，每天晚上都要让爸爸给他讲几个故事。有一天爸爸拿出经常讲的几本故事书时，童童指着书上的“宝宝”说：“爸爸，这个是宝宝。”爸爸很惊讶，因为他从没有教过童童识字。看来孩子已经无意识地开始自己认字了。

爸爸很高兴，又指了几个简单的字，童童都正确地念了出来。爸爸表扬了童童，然后问童童，“童童，你怎么认识这么多字的呢？”童童高兴地说，“爸爸，我想像你那样认识字然后给爸爸妈妈讲好多好听的故事。爸爸，以后你教我认字好不好？”爸爸点点头，父子俩约定，以后每天晚上认识5个字。爸爸从最简单的字来教童童。比如讲“日”，爸爸会告诉童童：“童童，日虽然看起来很简单，但是它很不简单。日作为名词是指太阳，太阳是距离地球最近的恒星。我们说的日月星辰中的日就是太阳的意思。日还指白天，和黑夜相对。日还能指每日、每天。“日”和“曰”长得很像，但是它俩的意思相差很远。接着爸爸又讲起了“曰”，然后引申出“目”。一段时间下来，童童的识字量提高了很多。

3~6岁是儿童学汉字的最佳年龄段，让孩子尽早识字，对培养孩子的学习兴趣有益无害。

从生理学上讲，人在儿童时期大脑发育速度最快，三岁左右儿童的大脑重达900~1 000克，约相当于成年人脑重的2/3，七岁时脑重达1 280克左右，相当于成人脑重的9/10。儿童大脑发育最快的时期，也是记忆力特别强的时期。

会玩的爸爸来支招：

1. 看图识字

结合以图为主、以文为辅的短小故事，引导幼小儿童认识图文对应明显的字，并根据图画的意思猜出文字。或者，找一些文字浅显、图画含义清晰、结合孩子生活的儿歌，帮助孩子了解画面与文字的关系。孩子一旦掌握了这一方法，稍作努力就可以在阅读中认识更多的常用字。推荐大家使用《星之升识字与阅读》，该套书含有1 000张情景彩色识字卡，每张卡片都可以讲出一个小故事，还配有一个短句子，图片对孩子很有吸引力。

2. 利用游戏认字

游戏是儿童的天性，只要家长肯动脑，在游戏中随时可以教孩子识字。比如孩子喜欢玩沙子和石头，家长可以把沙子和石头这几个字写成小卡片埋在沙堆里让孩子用小铲子挖出来。孩子挖一个让他认一个，这样孩子很容易就在游戏中把汉字记住了。

3. 利用故事教孩子识字

孩子喜欢反复听同一个故事。爸爸可以按照故事书的内容一字一句地讲，直到孩子也能一字不差地讲下来。然后，把着孩子的手，指着书上的字一遍遍地教。这样孩子就会明白一个字发一个音，不认识的字也能根据自己已会讲的故事猜出来。

必要的装备：

最好能准备一本新华字典，然后准备一块小黑板。

孩子天生“喜新厌旧”，喜欢认识各种各样的东西，需要利用各种物品做游戏，他们对周围的世界充满了好奇。

让孩子学识字，并不是让孩子一定要学到多少字，而是让他掌握一些与将来活动有关的技能，培养阅读的兴趣，养成阅读的良好习惯，从而促进他们今后的正式阅读。在教孩子识字的时候，爸爸应随时注意自己孩子的学习状态，当孩子表现出注意力不集中或兴趣平平的时候，就应该让孩子得到充分的休息。

让游戏更尽兴：

要教孩子识字，但是不能强迫孩子学习。

强迫孩子识字的做法是不科学也是不可取的。因为每个孩子对文字发生兴趣的时间不一样，有的早，有的晚，所以家长一定不可在孩子识字的早晚及多少上互相攀比。

爸爸还要尊重孩子的需要。当孩子有自己的需要时，学习效果也会比较好。如果孩子对识字非常好奇，喜欢认字，那么他看见字，就会想知道是什么意思，这时爸爸便可以对孩子开展识字教育了。

音乐的世界很简单，爸爸和孩子一起唱歌

《爸爸去哪儿》节目中，第一次出游就有爸爸和孩子一起学唱《走在乡间的小路上》的任务。孩子们的表现各不相同，但是有一点是相同的，就是孩子在和爸爸学唱歌的过程中，越来越适应当时的环境，亲子关系也越来越亲密。

齐天的儿子和其他同龄的小伙伴有点儿不同，他不喜欢流行歌曲，一听流行歌曲就笑，说这就是他表哥喜欢的那种歌。他喜欢英式的摇滚乐，喜欢美声，喜欢那些有流行色彩的古典音乐。

齐天知道儿子对这种音乐情有独钟，而自己本身也很热爱。于是趁周末休息的时候，到超市里买了两张光盘，准备和儿子PK一下。

回家后，他把手中的光盘给儿子一看，儿子高兴极了。他对儿子说："今天周末，你不上学，我也不上班，那咱爷俩就吼两嗓子如何？"

儿子高兴地说："爽极了！到时让我们PK一下。"

晚上吃完饭，齐天和儿子各自选了最拿手的歌曲，开始唱了起来。家中弥漫了欢乐的气氛。

经常进行音乐熏陶的婴幼儿会有以下特点：总是笑眯眯

的，不怕生人，提早说话，脸蛋秀丽可爱，眼神聪慧明亮，左右脑综合发展，长大以后IQ（智商）高、EQ（情商）好、CQ（创造性）强。日本幼儿教育协会的追踪调查也表明，从婴儿时期开始接受并喜欢音乐的孩子，长大了在品行上很少有劣迹，他们会变得善良，有道德。不仅如此，常听音乐还能调节大脑功能，提高孩子们的思维能力和想象能力，帮助孩子增强记忆力，还可陶冶情操，给人鼓舞和力量。

音乐本身是一种美的享受，特别是在闲暇之余，和孩子一起欣赏音乐，更是一种温馨的感受。但要注意千万别把音乐变成伤害孩子的噪声和心理负担，否则会失去和孩子在一起的快乐。生活中的妈妈们往往热衷送孩子参加各种音乐兴趣班，而这时，理性的爸爸如果能让孩子发自内心地爱上音乐和学会欣赏音乐，那对孩子的成长和智力的开发是非常有意义的。

会玩的爸爸来支招：

生活中，如果忙碌的爸爸停下来和孩子高歌一曲，就会让孩子的心情得到放松，心灵得到释放。在他们成长的道路上留下音乐的足迹，那将是他们童年最大的欢乐。爸爸要比妈妈更加关注音乐的“品质”。爸爸要给孩子提供高品质的音乐。

必要的装备：

爸爸们不仅仅要让孩子听到音乐，而且要让孩子听到最好的音乐。

1. 车内音响

给自己的车里安装音效较好的喇叭也很必要，无论是送孩子上学，还是全家自驾游，美妙的音乐都能陪伴你们全程。而且，车内空间狭小，孩子会对播放的音乐相对专注，虽然他在车里听音乐的时间比较短暂，但是不经意间会记住几句歌词，偶尔哼上一曲。

2. 家庭音响

给家里置办一套比较好的音响设备。不用太专业和昂贵，但是要有精准的选择。不少网站和论坛里都有关于怎样用最有限的钱买到最好的音响设备的介绍。比如一些器材的品牌不大，但却是做专业音响设备出身的，选择这些品牌的音响产品应该是明智之举。音箱不一定要买“发烧”级的，只要摆放得有技巧就能做出“环绕”的效果，这样可以让孩子听的音乐更有立体感。

3. 播放品

要注意光盘等播放品的品质。不要只注意曲目，而忘记了演唱、演奏者及录制的水准。比如听世界名曲，就要选择世界知名的交响乐团录制的版本。

4. 音乐玩具、教具

给孩子选择音乐玩具一定要仔细一些，要保证音色优美、音调准确，最好是专业的音乐教具。如果是选琴，一定要选择专业水准的产品。不要认为随便给孩子买个电子琴，让孩子随意弹奏就能培养他的乐感，这样往往会伤害孩子的音乐敏感力。

5. 音乐启蒙班

如果要把孩子送到一些音乐启蒙班，一定要挑选那些正规、严格、高水准的机构。不管孩子多小，一定要让孩子接受正规的音乐教育，让他们真正对音乐产生兴趣。

让游戏更尽兴：

音乐是一种情感艺术。一首好的音乐作品或是蕴含着一个美好的寓意，或是抒发一种温馨的情感，或是衬托出一个美丽的梦幻。如果孩子对音乐没有情感，而只是无奈地被家长带去音乐会场或音乐培训班，那么想培养出孩子较高的音乐素养或许只能是家长的一厢情愿。在音乐这样一个感性的王国里，也许父亲的理性能带给孩子对音乐更自然、更宽容的理解。

读书是陪伴孩子一生的好习惯，和孩子一起读他们喜欢的书

晚饭后是小东和女儿的阅读时间，这是一天中最温馨，也最让人期待的时刻。女儿上幼儿园之前，是小东读给她听，自从女儿上小学后，就是女儿读给小东听。他们最喜欢一起朗读女儿的语文课本。

第一次见到《小学语文一年级下册》，小东就感觉到春

天的气息迎面扑来。第一课《柳树醒了》，小东看着看着，情不自禁读了起来，越读越专注。女儿在一边用崇拜的眼光看着他："爸爸，你读得真好。"小东告诉她："不是爸爸读得好，而是文章写得好，你会比爸爸读得更好的。我们一起来朗读吧！"就这样，女儿开始了对课文的预习。

女儿最喜欢和爸爸分角色朗读。当她根据不同的角色用不同的语气朗读课文的时候，小东相信她已经开始注意人物的特点并揣摩人物的内心了。

小东不仅每天和女儿一起阅读，还习惯了在平时的生活中引用他们读过的内容。当女儿把房间弄乱的时候，小东会用《窗边的小豆豆》里面小林校长的话平静地对她说："把这些东西都放回原处。"当女儿不高兴发脾气的时候，小东会假装自言自语："嗯，很长时间没有读文明三字经了。"当女儿学习不认真的时候，小东跟她开玩笑："子不学，断机杼。现在没有机杼，我只好把我画的图纸撕掉了。"

女儿听了爸爸的这些话，都能明白其用意，于是就会乖乖地做正确的事。渐渐地，女儿学会了用书上学到的知识来武装自己。她不允许爸爸妈妈的饭碗里留下一粒米，会时不时拿出"谁知盘中餐，粒粒皆辛苦"的诗句来教育父母；外出郊游，她一定要把垃圾扔进垃圾箱，会说"爱护我们的地球"。

和孩子一起阅读可以积累知识。在孩子遇到问题的时候，爸爸可以及时为孩子释疑解惑，给予孩子必要的引导，这非常有利于孩子掌握知识、扩大知识面。除此之外，和孩子一起读书还可以进行情感交流、修身养性、陶冶情操。和孩子一起读书，爸爸还能讲解一些做人的道理，让孩子学会自尊、自强、自立、自爱。

很多家长并不清楚为孩子选择哪些阅读书目，他们往往给孩子准备传统的童话、寓言故事、幼儿画报，比如《小蝌蚪找妈妈》《白雪公主》《小红帽》，等等。这并没有什么不对，但是家长若能选择最适合孩子的读物，则更有利于孩子的成长。

2岁以上的孩子，就有了自己的喜好。孙亮说，他的儿子3岁时迷上了恐龙，一切行动都与恐龙有关，当然也包括读书。那一时期，孙亮给儿子买了很多有关恐龙的书籍、画册，整天都和儿子一起看恐龙书，给儿子讲恐龙的故事，他也成了恐龙专家。儿子4岁的时候好奇心特强，孙亮便给儿子买了《十万个为什么》，然后和儿子一起翻阅，并为儿子讲解。

显然这位父亲做得很好，他懂得遵从孩子的兴趣和喜好来给孩子选择阅读书目，使孩子在兴趣的引导下享受阅读的快乐，并且学到相关知识。

当孩子4岁的时候，爸爸需要有选择地给孩子购书，比如图画精美、文字简单的绘本、小口袋文学丛书。通过阅读这些书，孩子能学会与人相处的道理。当孩子再大一点时，可以给他选择科普类的书籍，比如《神奇的校车》《在人体中游览》《探寻感觉器官》等，使孩子对科学知识和自然现象有所了解。

会玩的爸爸来支招：

爸爸妈妈爱阅读，享受阅读，家里就有了浓厚的阅读氛围。在这种氛围下，孩子很容易受到熏陶，跟着爸爸妈妈一起阅读。渐渐地，孩子就会养成阅读的习惯。

要想营造阅读氛围，爸爸应该经常带着孩子逛书店、买好书，把家布置成一个图书馆。客厅里、卧室、餐厅等地方都应该有书架，书架上面应该摆放孩子喜欢的课外读物，如故事书、绘本、百科全书、童诗集，等等，使孩子想读书的时候随时有书读。

孩子的童年是一次旅行，不是赛跑，所以，爸爸不用板着面孔跟孩子说："快去读书！"也不必煞费苦心地用"读书可以开阔视野、读书可以增长知识、读书可以陶冶情操"之类的话教育孩子。如果你想让孩子受到教育，只需要抽点时间，和孩子一起捧着书，认真地朗读。这样，在孩子的童年旅行中，家长就不仅仅是一个引导者和看护者，而且还是孩子的同伴、朋友。家长可以随时停下来和孩子一起看书本中的风景。

必要的装备：

根据孩子的年龄选择适合孩子的读物。不能揠苗助长，也不能以爸爸自己的喜好来选择图书。如果条件允许，周末的时候，爸爸们不如带孩子去书店逛逛，让孩子选择自己喜欢读的书。

让游戏更尽兴：

年幼的孩子没有阅读的兴趣是很正常的，因为他们的注意力难以集中，比较爱玩、爱动，这就需要爸爸陪伴孩子阅读。通过家长的引导和感染，能够使孩子改变对阅读的看法。当爸爸给孩子阅读了生动有趣的故事后，孩子就会感受到书籍给他带来的惊喜，便会主动地去读书。有时候爸爸可以适当地向孩子撒娇，让孩子给爸爸读书，这样能够激发孩子的阅读热情。

和孩子一起观察小动物

《爸爸去哪儿》中，安吉拉对羊、狗、鸡的热爱是不是让我们看到了孩子们喜欢小动物的天性？最后在冰天雪地的雪乡，安吉拉看到狍子也非常高兴。孩子们都喜欢小动物，为什么不和孩子一起观察小动物呢？喜欢动物的孩子都是快乐的孩子，都有轻松的童年。

在同学中，谢鹏飞是个小有名气的“昆虫学家”。他知道许多稀有昆虫的名字，而且他亲手采集制作的螳螂、蝴蝶等多种昆虫标本堪称专业，这让许多同龄孩子乃至成人惊叹不已。

小时候，谢鹏飞就喜欢小动物，经常趴在后院的灌木林里看蚂蚁、捉蚯蚓。有时候爸爸也会陪他一起观察这些小动物。日常生活中，谢鹏飞总是从捉虫子、养虫子和观察虫子等活动中寻找乐趣。爸爸非常支持他的这一兴趣，在假期还经常带他到郊外寻找虫子，教他如何收藏并查找、搜集有关资料。

随着不断地积累，谢鹏飞对昆虫的兴趣更浓了，他发誓长大要成为一名真正的昆虫学家。带着这个梦想，谢鹏飞的童年生活过得轻松、快乐，而且他也能主动、执着地学习。

有人说孩子与动物有一种天然的关系。孩子的心灵没有尘埃，与那些纯朴的动植物心灵相通。让孩子与小动物一起玩，不仅可以给孩子创造观察动物的机会，而且能使孩子和小动物成为好朋友，从而得到一种幸福和快乐。

很多生活在城市中的孩子平常只能和宠物打交道。其实，孩子与动物的情感，若加以美化与运用，可以培养孩子的善良本性，例如慈悲、付出、欣赏与爱护大自然。

作为爸爸，如果你能理解孩子的好奇心和求知欲，经常陪孩子和小动物玩，观察小动物的行动，对孩子来说也是一种很好的教育。比如春天，带着孩子到河边或水塘里观察小蝌蚪，看它们如何变成小青蛙；夏天一场大雨后，和孩子到楼下花园里找蜗牛，看它们怎么背着小房子走路，这可以极大地满足孩子的好奇心和求知欲。回家后，爸爸可以把有关蝌蚪、蜗牛的知识教给孩子，这样孩子就能在玩中掌握知识。

会玩的爸爸来支招：

孩子的生活是充满童真、童趣、童话的世界。如果你有时间，多陪孩子到动物园里看看各种动物，一定能引发孩子一连串的联想和好奇，比如有漂亮羽毛的是雌孔雀还是雄孔雀？长颈鹿为什么不说话？那么热的天，企鹅会生病吗？狼是大坏蛋为什么要保护它，还给它吃好吃的……一大堆的难题会使你招架不住，这时你可以给孩子相关的书籍，让孩子在好奇心的激励下寻找想要的答案。

必要的装备：

爸爸可以给孩子提供一些关于小动物的科普书籍，让孩子边观察动物边学习相关知识，这样既长见识，又长知识。

让游戏更尽兴：

有的爸爸非常反感孩子整天和小动物打交道，认为那样很脏，还会影响孩子学习。于是总想阻止孩子，结果不但会影响了孩子兴趣的发展，还会导致亲子关系出现问题。

严亮从小就对动物非常感兴趣，他经常研究动物生活习性。初中时，他常常因为趴在地上观察动物而弄得浑身是泥。爸爸对此非常生气，觉得严亮不务正业，于是对严亮管得很严，尽量不让严亮出去玩。爸爸妈妈希望他上美术、书法等兴趣班。

最初，严亮经常趁爸爸不注意偷偷地溜出去，跑到附近的公园里做自己喜欢的事。有一次，他竟然把一个黑色蜘蛛带回了家，爸爸得知后非常生气，训斥他不应该把这么脏的东西带回家。爸爸把那只蜘蛛踩死了，妈妈也摔烂了他珍藏多年的装有各种动物标本的“百宝箱”。那一刻，严亮彻底绝望了，他回到自己的房间默默地坐了一个下午。

从那以后，严亮的学习成绩一落千丈，他不再活泼开朗，爸爸为此常常发火，甚至怀疑他的智力有问题。而严亮的生物老师说：“严亮这孩子特别聪明，如果好好培养，他将来很可能在研究动物方面做出成绩。”爸爸听到生物老师的话，后悔不已，他决定以后要改变自己的做法，陪孩子一起观察小动物。一段时间以后，父子俩的关系缓和了很多，严亮又变成了那个爱学习、爱动物的孩子了。

学习成绩不如意，爸爸从和孩子一起制订学习计划开始辅导

涛涛马上就要期末考试了，但是他复习的情况很不好。爸爸很着急。

爸爸对涛涛说：“还有7天就要考试了，你的语文有12个单元、数学有8个单元、英语有10个单元要复习。你分配一下，每天应该看语文、数学、英语各几个单元。在复习每个单元的时候，你要把老师教的内容再练练，看看是否都会了。”

涛涛根据爸爸的建议开始列出计划，因为不能平均分配，他就把两三个内容较少的单元放在一天复习，这让爸爸非常高兴。然后，涛涛在爸爸的指导下设计了一个表格，写上科目、日期、复习内容、完成情况等。做好复习计划后，涛涛很自觉地按照这个计划进行复习。最后，涛涛在那次考试中取得了优异的成绩。

在后来的学习中，每次考试前涛涛就主动地制订复习计划，并按照计划进行。

很多孩子没有时间观念，做事不懂得事前做计划，临阵的时候又慌不择路，这样既不能顺利完成一件事，也会把自己的心情搞得很糟糕，家长和孩子都不快乐。因此，身为爸爸，有必要让孩子养成做计划的习惯。

爸爸和孩子一起制订计划有助于培养孩子按计划办事的习惯。

爸爸和孩子一起制订计划，方便给孩子提出建议和指导，随时更正孩子不合理的计划。长期如此，孩子就能学会科学地制订计划了。

生活中，有的爸爸经常给孩子讲按计划办事的道理，可是他们没有和孩子一起制订计划，孩子没有实践经验，就难以学会制订科学合理的计划。

因此，和孩子一起制订计划，并给孩子提供一些指导性建议，才是培养孩子按计划办事习惯的最佳方式。

爸爸还要注意，和孩子一起制订计划要尊重孩子的个人愿望。

在和孩子一起制订计划的时候，爸爸对孩子列出的计划，不要强行加入自己的想法。因为我们往往以成人的标准判断孩子做事的成败，而忽略了孩子本身的意愿，这无形中会给孩子造成压力。例如，爸爸觉得孩子能在一小时内完成作业，于是强迫孩子把做作业的时间定为一小时，但是孩子可能做作业的速度没那么快，结果孩子做作业的时候为了抢时间，而导致错误百出。因此，制订计划的时候，爸爸应该尊重孩子的意愿，考虑孩子的自身情况。

会玩的爸爸来支招：

在执行计划的过程中，假若孩子无法依照计划行事（比如原先计划6点30分起床，却拖延至7点才起床），爸爸要及时鼓励孩子。因为如果孩子刚开始就失败而又无法获得爸爸的鼓励，通常会没有信心继续执行下面的计划。

必要的装备：

爸爸事先要了解孩子的学习任务，然后弄清楚孩子能支配的时间，事先争取孩子的意见，多方面考虑，从而制订切实可行的计划。

让游戏更尽兴：

和孩子一起制订计划，是为了让孩子在参与做计划的过程中，逐渐学会做计划。这比和孩子空谈做计划的重要性，更能让孩子真正理解做计划的意义。另外，做计划的时候，爸爸越尊重孩子的意见，孩子的积极性就越高，反之，孩子就无心制订计划。这就要求爸爸做指导和协助工作，鼓励孩子多尝试。

孩子不爱书？爸爸要时常带孩子逛书店

星期六，张先生带着女儿来到书店。只见收银台前排起了3条长队，好多人啊！很多家长带着孩子逛书店。再一看他们手中拿的都是孩子学习用的同步辅导书，张先生无奈地摇了摇头。他和女儿直奔儿童文学专柜，仔细寻找《聪明的小狐狸》，可是找了很久都没找到。女儿虽然有点失望，但还是幽默地说：“想不到狐狸真的很聪明，躲到了一个我找不到的地方！”

为了不扫女儿的兴致，张先生让女儿在一楼看其他书。一会儿工夫，张先生发现女儿已经坐在了地上，津津有味地读着《天使和你在一起》了。书已经看了过半，张先生看看时间已经不早了，就和女儿商量着要回家。但是女儿不肯，一定要把这本书看完再回家，她说：“看一半就放弃不划算，买回去又浪费钱，还不如看完这本再挑一本其他的买回去。”看着女儿认真的样子，张先生被感动了，也从书架上取出一本书专心地看起来。

快到6点时，女儿终于把书看完了，他们又挑选了一本《小巫婆求仙记》。在收银台前，张先生见一位家长手里拿着好几本《每课一练》，而一旁的孩子一脸的疲惫、沮丧。于是张先生劝那位家长："你给孩子做那么多练习，孩子会抵触的，还不如给他买几本课外书。"听了张先生的劝说，那位家长觉得有道理，马上把书放回去，重新挑选了孩子喜爱的书。

这时候，女儿开心地对张先生说："爸爸，你真好。不给我买练习书，不过，你买了我也不做的哦。"

记得一位著名人士说过这样一句话："会看书的孩子不会差，也不会变坏。"著名儿童教育专家孙云晓教授说："养成读书习惯等于在孩子心里装了一台成长的发动机。"著名教育家朱永新教授也多次表示："一个人的精神发育史就是一个人的阅读史。没有阅读就没有个人心灵的成长，就没有人的精神的发育。"

这些教育界人士所说的都说明了一个道理：书籍是人类的朋友，也是孩子成长的伙伴。少儿时期是培养孩子阅读习惯的关键时期，作为父亲，不管你工作多忙，也应该经常带孩子去逛书店，这是给孩子最好的礼物。你要给孩子一种无声的教育，要用你的行动告诉孩子：书籍是好东西，多看书并养成阅读的习惯会使自己受益终生。

书店、图书馆里的书籍和专注的读者，会感染孩子，让孩子产生对书的敬重与向往。他会觉得还有很多书自己没有读过，于是就忍不住要去看一看、摸一摸，这样阅读的兴趣就激发出来了。

会玩的爸爸来支招：

带孩子多去逛书店，是激发孩子阅读兴趣最好的方法。可是，有些父亲忙于工作，即使有时间带孩子逛书店，也不会买孩子喜欢读的书。在家长眼里，孩子的考试成绩才是最重要的，所以他们努力想提高孩子的成绩，于是只给孩子买辅导书。

在此奉劝爸爸们，如果你带孩子逛书店纯粹是为了给孩子买辅导资料，那么你最好不要带孩子逛书店。因为这样会让孩子讨厌书店，不愿去书店，这会直接影响孩子阅读兴趣的培养。事实上，孩子每天花费在学习方面的时间已经很多了，如果你能给孩子一些休闲的时间，不仅不会耽误学习，反而会对孩子的学习起到促进作用。

必要的装备：

带孩子逛书店的时候，要避免去那些简陋且脏乱的小书店，因为这会让孩子对书店留下不好的印象。要经常带孩子去正规的大书店或是图书馆，这可以使孩子感受读书的良好氛围。在书店或图书馆内，要让孩子保持安静，以免影响其他人。买书时，要尽量尊重孩子的意愿。

让游戏更尽兴：

身为爸爸，应该做一个开明的人。带孩子逛书店的目的不是给孩子买书，更不是给孩子买同步辅导书，而是让孩子感受书店里的氛围，培养孩子的阅读习惯。当然，如果孩子发现自己喜爱的书，爸爸还是应该满足孩子的意愿买下这本书，但要考虑书是否适合孩子读。

多带孩子参观科技馆

有位父亲说，如果能抽出时间，他非常乐意带儿子去参观科技馆，儿子以前常常能在那里面玩一天。但是有段时间他特别忙，除了上班，还参加了一个培训班，每天晚上都要上课，每周只能休息一天，可以说是忙得焦头烂额。但是即使这样，他每周休息的那天，还会带儿子去科技馆，让孩子一个人玩，自己坐在馆里的休息区学习。每次带儿子去科技馆，他都会鼓励儿子参与科技馆内有趣的科学实验，让孩子尽情体验科学的奥妙。

目前，孩子接受的教育理论性比较强，而实践性、实验性比较弱，正所谓："纸上得来终觉浅，绝知此事要躬行。"所以，如果有条件，父亲应该让孩子亲手做实验，让孩子在动手过程中学习知识，培养探究科学的兴趣。而带孩子去科技馆就是激发孩子探索欲望最好的办法。

在科技馆里，多数展品是可以触摸的，有很多亲身体验的机会。如果你是第一次参观科技馆，一定会感到大开眼界。是家长们了解科技奥妙的好地方，这里，能让孩子学习、娱乐两不误。

在科技馆里，孩子们通过亲自动手、亲身体验，可以了解一些奇妙的科学现象，让孩子们对科学产生浓厚的兴趣。这种寓教于乐的方式非常受家长和孩子喜欢。

会玩的爸爸来支招：

科技馆是集科学性、知识性、趣味性于一身的教育场所，通过科普知识的宣传，培养观众的科学思想、科学看待事物的方法和探索科学的精神。在开展展览教育的同时，科技馆还会组织科普实践活动、举办科普讲座。这在充满好奇和探索欲望的孩子们的眼中，无疑是一种精神享受。所以，如果爸爸有时间，最好多带孩子去科技馆参观，多听听里边举办的讲座，并和孩子一起参观。

必要的装备：

要带孩子去科技馆，就要做好回答“为什么”的准备。为此，爸爸们首先要多学习科普知识，尽量用最简单的语言把这些知识深入浅出地表达出来。

让游戏更尽兴：

培养孩子对科学发明的兴趣、提高孩子的动手能力是一个循序渐进的过程。爸爸们不能指望孩子去几次科技馆，就能获得飞跃性的改变。科学的魅力是慢慢在孩子心里展现出来的，孩子对于科学的兴趣也是在长期的熏陶中慢慢累积的。

每年带孩子参观一次博物馆

第一个小故事：熙熙的爸爸为培养孩子广博的爱好和兴趣，经常带她去博物馆参观。5岁的熙熙最喜欢去自然博物馆。熙熙的爸爸收集了许多与自然界动物、植物有关的资料，并将其分成不同的专题，每次参观的时候对她进行有针对性的讲解。别看熙熙经常去自然博物馆，但是她仍然百看不厌，问这问那，兴趣浓厚，而且酷似一位小小生物学家。她说起恐龙的灭绝、猿猴的进化，头头是道。看来她对动植物的常识了解真不少。

第二个小故事：终于盼来了一个星期天，爸爸带着浩浩去了故宫和天坛。浩浩对古色古香的建筑十分好奇，不停地问："房子这么大，是怎么盖起来的呢？"为了满足浩浩的好奇心，爸爸带他来到了古代建筑博物馆。

他们闲庭信步于馆内，爸爸一路参观一路给浩浩讲："天坛祈年殿的三重檐和金丝楠木大柱；故宫角楼的9梁18柱72条脊；鲁班发明锯子盖宫殿；李春建造赵州桥……"浩浩认真地听着一个个有趣的历史故事和建筑常识，听得如醉如痴，不住地追问：“还有呢，快讲啊。”

博物馆不单纯是一个补习民族文化的地方，更重要的，它是市民休闲的主要场所之一，因为里面有难得的静谧、幽雅的气氛。如果你带着孩子来到博物馆，你完全可以放松在工作、学习中紧绷的神经。通过参观博物馆里的文物，你和孩子可以更好地了解历史、品读历史。

从某种程度上说，了解一个地方的过去和现在是从博物馆开始的。人们通过参观博物馆可以同文物与历史进行对话，并穿过时空的阻隔，俯瞰历史的风风雨雨。带孩子参观博物馆，可以让孩子了解历史，感受人类的伟大，领悟美好生活是多么来之不易。

可惜的是，有的家长说：“我带孩子去过自然博物馆，孩子只对动物标本感兴趣，觉得其他的没什么意思。”有的家长说：“博物馆是给大人参观的，幼儿园的孩子看不懂，瞎耽误工夫。”其实，这些家长没有了解博物馆的功能，也不知道如何带孩子参观博物馆。结果不但浪费了自己的时间，还浪费了宝贵的历史资源。

如果你把参观展览当作逛公园，那就错了。你带孩子逛公园，是为了欣赏自然和人文景观，放松身心，玩是主要目的。因此，你可以让孩子尽情地欢呼跳跃，玩得尽兴。但是参观博物馆就不同了。在参观前，你最好对某一领域的知识做浅显的了解，这样可以扩大你的视野，增加个人的文化素养。

对孩子来说，博物馆是观察自然与社会的窗口，参观博物馆是一种文化启蒙、一种知识熏陶。参观博物馆是为了激发孩子探求知识的兴趣，让孩子了解深厚的文化底蕴。明确了这些，你带孩子参观博物馆才会有意义。

会玩的爸爸来支招：

有些博物馆专门为儿童开辟了动手区域，孩子们非常渴望在这里尝试一下，亲身体验。家长应该让孩子独立去做，不要包办，不论它的操作是否准确、是否成功，只要孩子敢于动手动脑，家长都应支持。

必要的装备：

如果想让孩子在博物馆里有所收获，就需要事前做好充分的准备。比如：提前和孩子商量周末去哪儿，告诉孩子那里有什么好玩的东西，从而激发孩子的兴趣。另外，博物馆的展览知识含量较高，孩子可能会觉得深奥枯燥，因此你最好提前查阅和温习相关的知识，准备一些相关的小故事，在参观的过程中讲给孩子。这样孩子边听边看，就会感到妙趣横生，从而享受到博物馆文化的乐趣。

让游戏更尽兴：

有的父亲带孩子去博物馆，只想给孩子灌输知识，回来后还要求孩子复述，这种只重视结果，不重视过程的做法会让孩子觉得很紧张。其实参观博物馆不过是个文化启蒙的过程，目的在于培养孩子的兴趣和好奇心，爸爸不要把参观博物馆变成孩子的负担。

接近艺术，和孩子一起参观艺术展

暑假苏梁带儿子去了北京的国家大剧院，虽然不是第一次去，但他们还是被它的建筑风格和浓浓的艺术氛围吸引了。

“走进艺术殿堂”是苏梁给儿子规定的暑期特别活动。里面布置了观看演出的场所，临时搭起的舞台，摆放了几十把椅子。演出按时开始，大部分是乐器演奏。儿子显然对乐器演奏非常感兴趣，他听得非常入迷，苏梁也陪他静静地坐下。

欣赏完乐器演奏，苏梁和儿子还参观了立体人物造型，大都是有名的歌剧、京剧中的，就连艺术陈列品也是戏剧中的造型。苏梁和儿子不由自主地拿起照相机，拍下了这些高贵的艺术展品。

带孩子参观艺术展，能拓宽孩子的视野，也能提高孩子对美学的领悟能力和赏析能力。艺术不仅有一种独特的美感，还有一种独特的力量，可以改造孩子的心灵，塑造孩子健全的人格，并有助于孩子形成正确的理想和价值观。透过艺术创作活动，孩子可以从中找到快乐和自信，这会给孩子们的未来带来希望。良好的艺术环境与艺术作品，更可以启发孩子愉快的学习动机，提升生活品位与素质培养。

1. 艺术修养——美术篇　美术是一种造型艺术。好的美术作品色彩协调、线条清晰、形象生动，能很好地锻炼孩子的视觉，促进孩子观察力和艺术想象力的发展。幼儿喜欢用五颜六色的画笔涂画出花花绿绿的图案，这实际上是创造美的一种方式。爸爸可以利用一些简单的艺术创造，培养孩子对美术的兴趣，并激发他们的美术创造力。

2. 艺术修养——音乐篇　教育学家说："音乐是思维的源泉，没有音乐教育，就不可能有合乎要求的智力发展。"在音乐氛围中长大的孩子，能深切感受到音乐的优美和崇高，会随着节拍和旋律的变化，任想象力充分的发展。音乐能够促进孩子思维能力的发展。通过音乐的熏陶，有的孩子甚至可以描绘出许多未曾见过的事物，这对其今后的成长具有极其重要的意义。

3. 艺术修养——自然篇　家长可以借助大自然对孩子进行美学教育。它那瑰丽的色彩、生动的形态、动听的音响、神奇的变化会使孩子感到其美丽无比、乐趣无穷。

会玩的爸爸来支招：

儿童天生对美就有鉴赏能力。因此，爸爸要多带孩子感受艺术世界，可以很好地满足孩子的好奇心，把孩子培养成一个有独特审美能力的人。

必要的装备：

爸爸事先要做足功课，对要参观的目的地有大概的了解，然后还要注意，爸爸带孩子进入艺术馆时，需要让孩子意识到艺术馆不同于其他地方，需要遵守一定的观赏规则，不能让孩子做出不文明的行为。

让游戏更尽兴：

良好的艺术修养是孩子个人素质的重要体现，是孩子受益一生的财富。但是孩子的艺术修养不是天生的，它需要在艺术欣赏和才艺学习中逐渐培养起来。这就需要爸爸们多带孩子接触各种艺术作品，和孩子一起参加丰富的艺术活动，感受奇妙的艺术世界。

Part 8.

孩子习惯不好？爸爸的陪伴同样重要

爸爸每天和孩子一起刷牙

孩子不爱劳动，爸爸和孩子一起洗衣服

和孩子一起上网

和孩子一起玩玩电子游戏

和孩子一起用沙漏来约束玩电子产品的时间

孩子太心急，爸爸和孩子一起养一些花草

孩子不喜欢做家务，和孩子一起做葡萄酒

孩子不喜欢动手，爸爸和孩子一起做有趣的手工

孩子的坏习惯，爸爸要和孩子幽默地沟通

爸爸每天和孩子一起刷牙

在《爸爸去哪儿》节目中，林志颖给黑米刷牙的镜头出现了很多次。林爸爸熟练的刷牙技术和黑米笑眯眯配合的样子，是不是让人印象很深刻？现在有龋齿的孩子很多，爸爸们是不是应该给孩子刷刷牙呢？

冬冬在幼儿园体检时，医生告诉冬冬，他有五颗牙齿上有洞洞，让冬冬以后一定要每天早晨起床和晚上睡觉前刷牙。冬冬想想自己吃完糖以后牙确实疼，他就决定以后要刷牙。

晚上睡觉前，冬冬拿着牙刷牙膏找到爸爸，让爸爸帮他刷牙。看到从来不喜欢刷牙的冬冬主动要求刷牙，爸爸很高兴。他让冬冬躺在自己的腿上，先让孩子说“一”，刷完牙的外面，又让孩子说“啊”，把孩子里边的牙齿好好的刷了一遍。冬冬和爸爸刷完牙很高兴，他和爸爸约好，以后早晨让妈妈帮忙刷牙，晚上让爸爸帮忙刷牙。

儿童的口腔跟成人一样，是消化道和呼吸道的入口，存在许多细菌。并且口腔内的温度又适合细菌繁殖。儿童每刷一次牙便可减少口腔中70%~80%的细菌，由此可见刷牙的重要性。其次，刷牙还可及时清除牙垢，起到按摩牙龈、促进血液循环以增强它的抗病能力的作用。

但是，有些人对儿童刷牙的重要性不太了解，再加上儿童刷牙比较难于训练，因此有刷牙习惯的儿童还不十分普遍。父母不仅要培养儿童养成刷牙的习惯，而且要教会他们正确的刷牙方法。父母一定要以身作则，这样孩子就可以经常模仿大人，提高对刷牙的兴趣，直到养成良好的刷牙习惯。孩子们对刷牙一般是没有恒心的，就是学会了也不能坚持每天早晚都刷牙。父母要加强督促，并采取鼓励的办法。如果发现他们的刷牙方法不正确，应随时加以纠正。

会玩的爸爸来支招：

从长牙那天开始，爸爸妈妈就要每天帮孩子刷牙。

（1）先刷上下排牙齿的外侧面，把牙刷斜放在牙龈边缘的位置，以两至三颗牙齿为一组，用适中力度上下来回移动牙刷。

（2）刷上下牙齿外侧时，要将横刷、竖刷结合起来旋转画着圈刷，即上牙画“M”形，下牙画“W”形。

（3）然后再刷牙齿的内侧面，重复以上动作。

（4）刷门牙内侧的时候，牙刷要直立放置，用适中的力度从牙龈刷向牙冠，下方牙齿同理。

（5）要刷咀嚼面，把牙刷放在咀嚼面上前后移动。

必要的装备：

给孩子选择合适的牙膏。要买小包装的牙膏，让孩子定期换新。每次刷牙都只挤出豌豆大的一点，而且在刷过牙后要把牙膏放到孩子够不着的地方。每次买牙膏时都要挑选那些质量有保证，并且是专为儿童设计的牙膏。要尽量选择水果味道的牙膏，一般这样的牙膏，孩子会很喜欢。如果孩子在刷牙后还不懂得怎样吐出牙膏沫（一般要到三四岁才能掌握），专家建议最好使用无氟牙膏。

要给孩子选择可信任的高品质材质的牙刷。一般来讲，正规商场出售的有品牌的宝宝专用品能够保证这一点。刷毛应选择软质的，尖端经过打磨处理的刷毛最佳，以不刷痛孩子的牙肉为原则。

为孩子选用指套牙刷。宝宝刚长出1~2颗小牙时，妈妈可以选用套在手指上的指套牙刷来为小宝宝刷牙，这样不仅能洁齿，而且还能轻轻按摩齿龈。

让游戏更尽兴：

一般来讲，当孩子刚长出第一颗牙或者在满一周岁时就应该定期带孩子去看牙医，每6个月一次。儿科牙医都受过专业训练，可以应对不同健康状态、不同行为举止的孩子或者是从没有看过牙医的孩子。在看牙医之前，爸爸可以先到医院去看一看，或者问问身边的邻居、朋友、同事，看看大家有没有好的牙医推荐。

孩子长大后，尽量不要使用带吸嘴的杯子。像奶瓶一样，带吸嘴的杯子不但容易携带，而且方便孩子使用。但是，假如带吸嘴的杯子里装的是饮料或含糖分的水，孩子每次只能喝一点点，这会使孩子的牙齿和糖分接触的时间很久，增加患龋齿的风险。专家建议在孩子2岁的时候就开始使用正常的水杯，到了3岁时就不要再使用任何带吸嘴的杯子。假如偶尔需要使用带吸嘴的杯子，那么杯子里装的最好是清水。

孩子不爱劳动，爸爸和孩子一起洗衣服

《爸爸去哪儿》节目中，Cindy自己洗袜子的情景还记不记得？Cindy可以说家境很好，在家有保姆和妈妈无微不至的照顾，但是Cindy仍然能够做到自己的事情自己做。Cindy能够自己洗脚、洗袜子，我们身边这么大的小朋友能做到吗？

轩轩的妈妈加班去了。爸爸在那里洗衣服。这时轩轩跑来，蹲在洗衣盆旁边看。

爸爸问："你知道爸爸在干什么吗？"

轩轩说："爸爸在洗衣服呢！"

轩轩在一旁看见爸爸搓衣服，忍不住也拎起衣服往搓衣板上放。

接着，轩轩有模有样地拿起肥皂，递给爸爸，说："爸爸搓，用肥皂！"

还没等爸爸接过来呢，轩轩就帮爸爸往衣服上抹肥皂，然后用小手在洗衣板上搓来搓去。爸爸想让轩轩感受一下搓衣服，就把轩轩的小手放在衣服上，然后用自己的大手抓住轩轩的小手，认真地搓起来。轩轩搓了几下觉得非常有趣。

之后爸爸见轩轩把肥皂拿在手里玩，就又拿了一块小肥皂用，被轩轩看见了，轩轩就把手里的大肥皂递给爸爸说：“爸爸用大的，轩轩玩小的！”说着把爸爸手里的小肥皂拿走了。

小肥皂滑溜溜的，轩轩一不小心没抓住，掉到盆里看不见了，轩轩问爸爸：“肥皂哪去了呢？怎么找不着了？”轩轩伸出小手在盆里捞啊捞，捞了半天没捞到。

爸爸只好帮轩轩找到小肥皂。轩轩高兴地说：“小肥皂找到了。”接着，轩轩不想玩小肥皂了，他对爸爸说：“爸爸玩小的吧，轩轩玩大的！”

正在这时，妈妈回来了，看见父子俩在那里洗衣服，高兴地说：“轩轩真乖，知道帮爸爸洗衣服了，妈妈也要和你们一起洗衣服。”

独立生活能力对孩子的成长和生活至关重要。有的孩子不会洗衣服、不会叠被子、不会做饭，这样的孩子一旦离开了父母的庇护就无法照顾好自己。因此，爸爸要有意识地培养孩子这方面的能力。和孩子一起洗衣服，就能方便地指导孩子，放多少洗衣粉、怎么搓衣服、怎么晾衣服；能让孩子掌握这一技能的同时，也体会到妈妈每天洗衣服是多么辛苦。

偶尔妻子加班去了，或者忙别的事情去了，丈夫需要洗洗衣服、做饭，这时候不妨把孩子带动起来，让他和你一起干活，让他体验生活小事，让他学会生活自理。现在不少高中生甚至大学生都不会洗衣服、不会做饭，这与他们小时候缺乏这方面的锻炼有关。如果爸爸在孩子小时候就有意识地训练孩子的生活自理能力，那么孩子的独立生活能力也就可以早日培养起来。

会玩的爸爸来支招：

有很多乐趣可以发生在爸爸和孩子之间，就连和孩子一起洗衣服，也能是一件趣味十足的事情。只要爸爸懂得引导孩子，善于抓住孩子的好奇心理、尝试心理，孩子就会跟着爸爸一起体验洗衣服的感觉。或许在这个过程中，孩子会调皮、会搞破坏，但是只要孩子乐在其中，并最终学会了洗衣服，那爸爸就应该感到欣慰。

必要的装备：

爸爸要调动孩子的积极性，让孩子能够做到积极主动地洗衣服，能够独立地做事情。

让游戏更尽兴：

看似不起眼的一件事情，都蕴藏着教育契机。如果爸爸抓住了这样的机会，孩子就能得到教育和锻炼。在和孩子一起洗衣服的过程中，可以教给孩子一种生活技能，能够让孩子体验一种生活乐趣，并理解父母洗衣服的不易。

和孩子一起上网

孟先生的女儿13岁，已经是一个网络老手了。她喜欢在网上和朋友交流，有时在女儿的允许下，孟先生或孟太太也会参与女儿与网友的聊天。他们发现女儿和网友聊得最多的是一些发生在学校里的趣事或喜爱的歌曲，有时候会互发小信息、小笑话等。有时候女儿和网友还讨论习题的解法，偶尔也会对“做不完”的作业、受到老师（同学）给的委屈发点儿牢骚。

孟先生和孟太太表示挺理解孩子的。孩子平时在学校，学习压力大，不可能经常和同学交流感受，加上父母总是要求孩子以学习为主，无形中使孩子的生活圈子缩小了许多。因此，他们支持女儿上网，并和她一起学习上网。

如果在学习中遇到什么疑难问题，他们就和孩子一起上网查资料、解决问题；有时也看新闻，玩些网上棋类游戏等。他们在电脑上安装了最新的“雅虎通”，可以通过语音系统与远方的朋友聊天。当然，他们与女儿也有约定：作业没有完成不能上网；每次上网不得超过一个小时；没有父母的允许也不能上网。孟先生说，和女儿一起使用电脑，能培养孩子的自我控制力。

网络对我们来说，既是一种休闲方式，也是一种学习方式，还是一种交往方式。和孩子一起上网是一种亲子交流，可以加深孩子与父母之间的感情，也可以有效监督孩子的上网情况。当孩子因为辨别意识不强，不小心登录了色情、暴力网站时，父母可以及时引导和教育孩子。

网络是一个知识的海洋，和孩子一起上网，教孩子怎样查资料、看新闻，对孩子获取新知识很有帮助。同时，网上的游戏和趣事，也能起到放松身心的作用。

现在的孩子大多数是独生子女，在家里没有机会和同龄伙伴交心，父母又忙于工作，没有太多时间去倾听孩子的心声。网络对于孩子来说，是一种有效的心灵补偿。在那里，孩子们可以和朋友交流学习上的事情和生活中的趣事，倾诉烦恼、分享快乐。因此，网络不是洪水猛兽，爸爸应该学习、了解网络，担负起指导和监督孩子上网的责任，并和孩子一起上网获取知识和乐趣。

会玩的爸爸来支招：

孩子跟电脑交流，面对冷冷的机器，如果没有父母做伴，孩子的心灵会逐渐被冷漠吞噬，在待人接物方面，也变得无所适从。教育专家建议爸爸多和孩子一起上儿童游乐网站。这些网站不仅有趣味游戏，还有绘画拼图、益智动脑、儿歌故事、玩具创作等。在此，向爸爸推荐几个适合孩子的网站：

1. 迪士尼中国官方网站

迪士尼中国官方网站是专为中国儿童和各年龄阶段的迪

士尼迷设计的。网站设计得异常精美，有大量孩子们熟悉的动画形象。这个网站的栏目分类多，内容非常丰富，还有不少参与性很强的有奖活动。

2. 奇奇玩儿童在线

这里有很多适合不同年龄段儿童玩的在线游戏。比如男孩子喜欢的动作、冒险游戏，女孩子比较喜欢的装扮类游戏，还有益智动脑、绘画拼图、儿歌故事，玩具创作等启蒙教育类适合各类儿童玩的小游戏。

3. 童趣网

这是一个适合0~12岁孩子的网站。该网站有分别针对父母和儿童的几大板块，儿童频道有“游戏中学习”“头脑训练营”等特色栏目，可以让孩子们在游戏中学到知识。

当然，十几岁孩子的逆反心理、独立意识和私密感都很强，爸爸应该注意尊重孩子，引导孩子浏览健康的网站，让孩子建立上网的正确认识，关注孩子上网的内容。爸爸从细节上所给的关心，对孩子而言，远比枯燥的说教温暖得多。

必要的装备：

除了给孩子提供电脑，爸爸们最好也会使用电脑。有些父母对电脑一窍不通或一知半解，孩子觉得父母很落伍，因此不太愿意和父母一起上网。这样一来，父母想和孩子一起上网也难以实现。针对这种状况，资深心理辅导员李炳新博士说：

“作为现代父母，应该掌握电脑知识，最好能够跟孩子一起上网，这是一种现代沟通方式。”

让游戏更尽兴：

作为当代人，如果不会上网，则与文盲无异！不但自己不上网，而且还反对孩子上网，这等于让孩子拒绝文明。网络本身是中性的，它产生积极还是消极的作用，完全取决于上网者自身如何对待网络。好比一把菜刀，在厨师手里它是用来切菜的；在歹徒手里它却可能被用来杀人；在绝望者手里它还可以成为自杀的工具。这不是刀的错。如果爸爸们认识到了这一点，就应该和孩子一起接纳网络，和孩子一起上网交流学习，获取新知识。

和孩子一起玩玩电子游戏

在《爸爸去哪儿》节目中，我们可以看出石头、天天都经常玩电子游戏。他们在节目中还曾经因为不能带电子产品而闹情绪。可见电子游戏多么受孩子们的欢迎。

小蒙的儿子今年11岁，在一家寄宿学校上学。一年以前，妻子就说要给儿子买一台电脑，引导他利用电脑学习。小蒙没有同意，因为他觉得自己没有时间盯着孩子上网，不如让孩子晚一点儿接触电脑。

今年5月中旬的一天，小蒙意外地在校外的小网吧里发现了自己的儿子。他知道“堵”已经没有用了，于是第二天就和妻子商量了一下，给儿子买了一台电脑。从此，儿子每周六在家可玩3个小时的网络游戏，再也没去过网吧了。有时候小蒙还会和儿子一起玩电子游戏，比如打CS（一款电子游戏）、玩赛车。父子二人经常玩得不亦乐乎。每次儿子玩得酣畅淋漓之后，就会自觉地去学习。而且他为爸爸的明智感到高兴，有什么想法都会告诉爸爸，这加深了父子感情。

很多家长看到孩子玩电子游戏就非常担心，于是对孩子严加看管，坚决不让孩子接触网络游戏。但是结果往往事与愿违，孩子更加迷恋这种游戏。家长们觉得很纳闷，他们想知道孩子为什么喜欢电子游戏。闪电般的处理速度，雷电般轰鸣的声音，急速变幻的画面，这些都是电子游戏有诱惑力的原因。当孩子拿着鼠标或游戏控制杆时，他们可以做到在现实世界中不能做而又很想做的事情：赛车、探索魔鬼出没的房子、与职业运动员一起比赛……

但是，孩子的自控力是有限的，如果让孩子一个人玩电子游戏，他可能会无休止地玩下去。但如果有爸爸的陪伴，那么玩到一定的时间，爸爸就可以提醒孩子：“好了，今天就玩到这里，接下来要做作业了。”孩子玩够了，自然也就会听从爸爸的教导。

从另外一个角度来说，陪孩子玩游戏还能使爸爸获得放松，并使孩子获得更大的快乐。同时，还方便了交流，有利于爸爸及时了解孩子的内心想法，从而给孩子适当的教育。

会玩的爸爸来支招：

在游戏方面，很多爸爸恐怕得向孩子学习。当爸爸放低姿态向孩子请教时，能够使孩子找到被信任和尊重的感觉，孩子的自信心也会得到鼓舞。孩子会想：爸爸都向我请教了，我挺了不起的。孩子就不会担心爸爸批评自己玩游戏，这就为爸爸教育孩子提供了机会。

爸爸应该清楚，向孩子请教电子游戏的玩法，然后和孩子一起玩，并不是赞同儿子无休止地玩游戏，而是为了更好地了解孩子。一些看起来浅薄的游戏，实际上也包含一些意想不到的知识。比如，爸爸和孩子可以一边玩足球游戏，一边讨论世界地理和国际政治问题。儿子在玩了足球游戏之后，可能会拉着爸爸的手走到世界地图前问："爸爸，巴西在哪儿？"

必要的装备：

除了给孩子提供一台电脑或者其他电子设备，身为爸爸，还要了解孩子在玩什么。根据相关的调查，很多孩子喜欢玩暴力游戏，这种游戏里充满了武力和血腥，不利于孩子成长。爸爸还应让孩子学会控制游戏时间。因为孩子过度迷恋电子游戏，会减少其他活动的时间。而适当使用计算机和互联网则可使孩子从中获益。建议爸爸们将孩子每天玩游戏的时间控制在一个小时以内。

让游戏更尽兴：

如果爸爸懂得电子游戏，那么就应该根据孩子的兴趣，选择一个有助于孩子学习知识的游戏。一个电子游戏是否是好游戏，取决于这个游戏是引导孩子的建设性行为还是破坏性行为。一个好的游戏应该像传统游戏捉迷藏一样，提供吸引人的搜索、出乎意料的惊奇、健康的竞争……

和孩子一起用沙漏来约束玩电子产品的时间

《爸爸去哪儿》节目中，天天和爸爸张亮关于使用手机、ipad（平板电脑）、游戏机的讨论出现了几次；石头在第一集去拍摄地点的时候也要求爸爸给带上ipad。孩子们现在接触的电子产品越来越多，爸爸们如果不能约束他们使用电子产品，很容易让孩子们沉迷其中，这是大家都不愿看到的情形。

琪琪上幼儿园了，但是她早晨还是起不来，每天早晨起床就跟打仗似的。这困扰了琪琪爸爸很长时间。一次偶然的机会，琪琪爸爸在同事家看到一堆沙漏，有3分钟的，10分钟的，15分钟的，30分钟的。这让琪琪爸爸很好奇，这些沙漏是干什么用的呢？同事看出琪琪爸爸的好奇，他告诉琪琪爸爸，这些都是用来给孩子限定时间的。

同事家的女儿璐璐今年上小学了，每天早晨起床铃响了就开始给女儿计时，起床、穿衣服、洗漱15分钟，吃饭10分钟，整理和检查书本3分钟，然后父女俩一起出门。同事说，孩子要是自己不起床耽误了时间，那孩子就由爷爷坐公交去送，要是没耽误时间，那么就爸爸开车去送。这个规矩定好了，孩子就很自觉地遵守沙漏的时间了。自己不用老是催促，早晨起来家庭气氛也就不那么紧张了。

另外一个30分钟的沙漏是给孩子游戏和休息的时间。晚上孩子想看会儿动画片，那就必须控制在30分钟以内。这个沙漏不只孩子遵守，爸爸妈妈也一起遵守。同事说，原来孩子无节制地看电视的情况已经很少出现了。

这可真是个好方法，琪琪爸爸想。他从同事家出来立刻去了商场，给孩子选了各种各样的沙漏。刷牙的3分钟的沙漏；吃饭的10分钟的沙漏；看电视的30分钟的沙漏，起床洗漱的15分钟的沙漏……

到了家里以后，爸爸和孩子规定，以后沙漏就是时间的裁判，孩子和爸爸妈妈都得遵守。几个星期下来，家里多了和谐，少了催促和对电子产品的争夺。

生活中的很多问题其实只要想想办法，都能克服掉。只要我们换一种方法去解决，从积极方面去考虑，一切难题都不再是问题了。

会玩的爸爸来支招：

用沙漏来做时间的裁判是最公正的。爸爸可以用沙漏来规定孩子写作业的时间。如果孩子吃饭慢，不好好吃饭，也可以用沙漏来规定吃饭的时间，让孩子改掉吃饭不专心，边玩边吃饭的坏习惯。

必要的装备：

爸爸多给孩子准备一些沙漏，然后和孩子制定好规则。爸爸要动员妈妈和孩子一起遵守规则。

让游戏更尽兴：

除了用沙漏约束孩子以外，爸爸也可以让沙漏给家里带来快乐。比如在家里进行单腿站立的比赛，使用三分钟的沙漏，谁能站到沙漏漏完谁就赢。

孩子太心急，爸爸和孩子一起养一些花草

《爸爸去哪儿》节目中，在鸡鸣岛，安吉拉对简朴的草莓房一点都不嫌弃，她一进院子就跑到草莓园里看上面的小草莓。没有不喜欢大自然的孩子，爸爸们要让孩子多接触大自然，不妨从养一些花草开始。

星期天，高先生不用上班，一起床他就在想今天做点什么好呢？突然他想到和女儿一起种花。因为去年秋天的时候他带女儿收集了不少花籽，打算今年种在自家楼下的草地上。于是高先生把自己的想法告诉了女儿，女儿非常高兴地答应了。

一大早，他们吃了点早餐。之后高先生说要换件衣服，让女儿把花籽拿出来，但是女儿很久都没动静。高先生跑过去一看，发现女儿把所有的花籽倒在了她的床上，正在那儿分类呢，看她那个认真的样子，高先生就没有打扰她，等她自己分完。

等女儿分好类之后，高先生就和女儿来到楼下种花。他挖坑，女儿播种。当女儿把种子撒到外面时，她首先会用小手捡回来，然后用土埋上，最后在上面踩一踩，这才大功告成。看着女儿心满意足的样子，高先生很开心。

两个星期后，女儿告诉高先生："花儿发芽了。"再后来，花儿开放了。伴随着花开花谢，高先生和女儿享受到了园艺的快乐。

面对园艺，不少孩子都有热情，但是没有耐心，他们总希望种下的种子第二天就能发芽甚至开花。如果等了一个星期还没什么反应，他们可能就会放弃了。因此，和孩子享受园艺的时候，爸爸要努力保持孩子对园艺的兴奋度。通过适当的引导，让孩子认识到种子发芽是需要一个过程的，需要耐心等待。等种子吐绿后，要让孩子明白绿芽每天都在变化，需要细心观察。这样在花儿开放的时候，爸爸和孩子既享受到了兴奋，也享受到了播种的快乐。

会玩的爸爸来支招：

不是每个人都能像住在农村的孩子那样，有大片的土地可以种植。但只要有一个放在窗台上的小花盆，即使住在城市，也能让孩子享受到园艺的乐趣。

以下几个点子可以让城市里的孩子享受园艺的乐趣。

（1）买萝卜的时候从中挑出一个顶端上带叶的，把顶端切下来放到一小碗水里，就可以观察顶端发芽了。

（2）让孩子在窗台上的花盆里种上几粒豌豆。这种植物发芽很快，可以长得足够高。成熟后，你可以和孩子将整颗豆荚连壳带豆都吃下去。

（3）把白菜心的根部切下，放在盛水的白瓷盘中。几天后，你和孩子就会发现菜根上长出了嫩芽。无论是放在厨房还是客厅，都是一个很好看的盆景，很有生活情趣。

（4）将蒜头埋入花盆中，定期浇水。很快你就能看到青蒜苗破土而出。吃面条的时候，加上一些青蒜末，味道美极了。

（5）如果你家住在一楼，可以在小花园里种些爬藤的植物或蔬菜，比如丝瓜、牵牛花等。在家庭聚会时，你可以用丝瓜汤犒劳客人，并告诉大家，丝瓜是孩子的劳动成果。

必要的装备：

给孩子一个小花盆，一包种子，和孩子一起体验植物生长的过程。

让游戏更尽兴：

无论是在小小的阳台上，还是在私人花园里，园艺都能为人们带来欣喜和愉悦。这种美的创造与传播可以为你和孩子带来快乐和欣喜。和孩子一起享受园艺，不但可以让孩子学到种植知识，还可以让孩子明白“播种希望，收获成功”的道理。

在和孩子一起养花草时，爸爸要借机会给孩子讲讲花草的相关知识。

孩子不喜欢做家务，和孩子一起做葡萄酒

《爸爸去哪儿》中，孩子们和爸爸一起做竹筒饭。在探索过程中大家做出了各种口味的竹筒饭。孩子们很享受和爸爸在一起劳动的时刻。

又到了葡萄收获的季节，爸爸和往常一样，早早准备好了坛子，准备做葡萄酒。

周末的早晨，爸爸起了个大早去早市买回来很多新鲜的葡萄。笑笑起床看到这么多的葡萄特别高兴，她说要做爸爸的小帮手跟爸爸一起做葡萄酒。

爸爸分配给笑笑剪葡萄的任务。笑笑拿着小剪刀认真地剪起了葡萄。爸爸提醒她，剪葡萄的时候要注意安全，别剪到手了。笑笑小心翼翼地剪葡萄，爸爸把笑笑剪好的葡萄仔细地

用淀粉水洗好，父女俩配合得很好。很快，葡萄就洗完了，爸爸直夸笑笑是爸爸的好帮手。父女俩等葡萄晾干了水分，又一起按照葡萄酒制作的步骤制作好了葡萄酒。放了两周以后，闻着芳香扑鼻的葡萄酒，父女俩都非常高兴。

有的爸爸总觉得孩子还小，觉得孩子干不了事情，其实，孩子们的潜力比家长们想象的要强大得多。让孩子参与到葡萄酒的制作过程中，爸爸还可以给孩子讲讲葡萄为什么会变成葡萄酒，给孩子讲讲发酵的知识。岂不是既锻炼了孩子的动手能力，又学到了新知识?

会玩的爸爸来支招：

如果爸爸们不知道葡萄酒怎样制作，我们不妨学一学：

（1）准备材料。

（2）彻底清洗葡萄。窍门就是：将几勺淀粉加入清水中，这样洗出的葡萄没有异味和杂质。

（3）搅动淀粉水，让葡萄粒均匀地被冲洗干净。去掉蒂，让葡萄变成一粒一粒的状态。

（4）冲洗干净的葡萄，要控干水分，或者用厨房纸擦拭干净。

（5）将葡萄装进自动排气密封罐，并倒入清酒，倒到8分满。

（6）盖好盖子，放在阴凉处，储藏2周以上，葡萄皮褪色，酒变红色就可以了。

必要的装备：

爸爸要事先准备好做葡萄酒需要的原料和器具，了解葡萄酒的制作方法，然后和孩子一起做葡萄酒。孩子动作慢不要着急，让他们慢慢来。

让游戏更尽兴：

爸爸要告诉孩子葡萄酒的发酵原理就是葡萄中的糖转化为酒精的过程中会产生大量的二氧化碳气体和热量。注意做葡萄酒的时候不能密封得太严，密封太严很容易出现爆瓶的问题。

孩子不喜欢动手，爸爸和孩子一起做有趣的手工

王先生非常喜欢和女儿玩做项链的游戏。在下雨或刮大风等不利于外出的天气里，王先生就会在家里和孩子玩个手工制作小游戏——穿项链，当孩子用自己小小的双手做出一条漂亮的珠子项链时，会很有成就感。

游戏开始后，王先生会先在桌子上铺些报纸，然后把不同颜色的珠子放在报纸上。这个时候要注意，不要让珠子滚到地上。之后，王先生会剪一段可以穿项链的线。线要剪长一些，留出足够的富余，好用来在后面打结。一切都准备好

之后，就可以让孩子穿珠子了。这个时候，王先生会先穿一些，示范给孩子看。当孩子自己动手穿珠子的时候，王先生会抓住线的一端，防止珠子掉下来。然后，耐心地看孩子将珠子一个一个地穿好。最后王先生教孩子把这条线的两端牢牢地系在一起，这样，一条漂亮的彩色项链就做好了，给孩子戴上，孩子会非常高兴。

这个游戏很多爸爸都陪孩子玩过，它可以培养孩子的动手能力与穿线能力，还能锻炼他的专注力。有的孩子年龄小，动作不太灵活，往往穿了半天也穿不进去，这个时候，爸爸们就告诉孩子们穿链子的时候要有耐心。还有的孩子玩着玩着就烦了。这个时候，爸爸们就要给孩子讲明一定的奖励机制，让孩子能够认真完成。完成以后爸爸可以奖励孩子一朵小红花或一个大大的拥抱。

会玩的爸爸来支招：

除了穿项链，爸爸们还可以带着孩子做糖葫芦。

原料：山楂、白砂糖。

冰糖葫芦的制作步骤：

（1）穿果。挑选新鲜饱满、大小均匀的山楂，洗净。将山楂拦腰切开，用小刀挖去果核，然后将两瓣合上。把去过核的山楂用竹签穿起来，每串穿六七个。

（2）熬糖。把白砂糖倒入锅中，按糖与水2∶1的比例加入水，用猛火熬20分钟左右。糖熬到刚刚好时，呈黏稠的透明状。如果熬制时间不够，糖会粘牙；如果熬得过久，糖会泛苦味。

（3）蘸糖。将串好的山楂贴着熬好的热糖上泛起的泡沫轻轻转动，裹上薄薄一层即可。蘸糖这个环节看似简单，但很需要技巧。如果糖裹得太厚，吃下去一口咬不着果，就是失败的。糖要蘸上薄薄而均匀的一层，即算成功。

（4）冷却。将蘸好糖的糖葫芦放到水板上冷却二三分钟即可享用。所谓水板，其实是在清水里浸泡过较长时间的光滑的木板，其温度较低，同时木头具有吸水性，可以帮助糖葫芦冷却定型。在家里制作的时候，就可以用砧板代替，只要使用前将砧板放在清水里浸泡过即可。

爸爸和孩子自己动手制作的糖葫芦，孩子一定会非常喜欢吃。糖葫芦还能帮助孩子消积食。快来动手和孩子一起做吧。

必要的装备：

游戏之前，先准备一些线、报纸、剪刀和彩色的珠子，珠子一定要洞眼大的。

让游戏更尽兴：

为了防止穿好的珠子掉下来，在穿珠子时可以用胶带粘住线的一端，这样不但能防止线头散开，而且穿起来会更容易些。

孩子的坏习惯，爸爸要和孩子幽默地沟通

张哲的女儿欣欣最讨厌洗手了，不管她的手有多么脏，她也不会让父母洗她指甲里面的污垢。张哲经常跟她说讲卫生的重要性，但纯粹是对牛弹琴。

有一天，张哲突然冒出了一个想法。他在把女儿带到脸盆旁边说：“我好像从来没有告诉过你王叔叔的故事吧。那真是一个悲惨的故事。”

“怎么了？”欣欣问道。

张哲夸张地后退一步，说：“有一天，他开始拒绝洗手，就这样过了好几个星期。起先，没有人在乎这件事，但是王叔叔的手指之间开始长出奇怪的小东西。先是有一些小芽芽，后来慢慢长成了蘑菇和土豆。后来，他只好戴上大大的手套把手指遮起来，真是难看死了。”

欣欣大笑起来，张哲用假装恳求的声音说：“如果你身上也发生这种事，我可受不了，请让我看看你的手。”欣欣伸出脏兮兮的手让他检查。“哇，这就是土豆的小芽芽，我发现它们已经长出来了。”

欣欣咯咯地笑着，奔到脸盆边，开始放水擦洗，她还叫道：“我要把这些小土豆杀死。”她似乎忘记了洗手对她而言是一件不愉快的事。这个策略能够取得成功，与张哲装出一副

蠢相有很大的关系。从那天起，每当张哲要欣欣去洗手，他只需说：“好啊，让我们来杀死这些土豆和蘑菇。”

生活中，爸爸们为什么不用幽默的方式来管束自己的孩子呢？这可能是因为他们认为当父母是一件严肃的事情，或者是因为他们老是板着面孔命令孩子做事，轻松愉快与管束似乎是行不通的。

事实并非如此，幽默是一种非常有效的管束手段。这主要是因为孩子的天性爱玩、爱寻开心。当然，有时候你需要一本正经地管束孩子，但是你不必在每一个场合都如此。如果你在管束孩子的时候多和孩子玩玩幽默，少板着脸，那么孩子会更乐意听你的吩咐。

会玩的爸爸来支招：

在教育孩子的过程中，爸爸完全可以用幽默的语言代替生硬的命令。使用幽默的语言会让孩子感到快乐，而且会让孩子更加乐意听从你的教导。比如，孩子在玩玩具的时候，往往比较兴奋，但是，玩完后，孩子却不愿意收拾整理玩具。这时候，父母最好不要说：“快把玩具收起来！要不以后就不让你玩了！”可以使用幽默一些的语言：“玩了这么长时间，你肯定累了吧？问问这些玩具是不是也累了？要不，我们把他们送回家吧，让他们也好好休息一下，明天再让他们跟你一起玩好不好？”这样教育孩子，相信效果会更好。

必要的装备：

爸爸首先要变成幽默的人，才能让孩子也成为一个幽默的人。

让游戏更尽兴：

大多数孩子都能预见父母对他们行为的反应，你一张口他们就知道你要说什么。因此，如果爸爸有意打破这种刻板的教育方式，突然用反常而幽默的方式来管教孩子，足以吸引他们的注意，并会取得较好的效果。

幽默不仅可以淡化孩子的消极情绪，消除沮丧与痛苦，改善紧张气氛，而且能带给孩子和别人喜悦和希望。爸爸经常和孩子玩玩幽默，给孩子幽默的熏陶，有助于把孩子培养成一个幽默的人。这样孩子一开口就能给人带去幽默，自然不愁有好人缘了。

Part 9.

孩子没有爱心？爸爸要让孩子懂得表达爱

要懂得向别人表达感恩，和孩子一起制作一张贺卡

要知道回报妈妈，和孩子一起给妈妈做大餐

和孩子一起照顾宠物

家人不要只给孩子过生日，爸爸和孩子一起给家人过生日

和孩子一起孝顺长辈

和孩子一起去孤儿院、养老院做志愿者

带孩子去帮助弱势人群

孩子害怕与人交往，和孩子一起去拜年

孩子胆小、不礼貌，和孩子一起去朋友家做客

要懂得向别人表达感恩，和孩子一起制作一张贺卡

一天王东下班回家，上五年级的儿子对他说：“爸爸，我想给我们的老师送贺卡，你能帮帮我吗？”王东感到很疑惑，又不是新年，也不是教师节，为什么要给老师送贺卡？

于是他问：“送什么贺卡？是有老师过生日还是别的节日？”

“是感恩节！爸爸，我想在感恩节给老师送贺卡。”儿子很认真地说。

王东虽然很累，但是不忍心让孩子失望，于是说：“好，你去准备一些纸和笔，咱们一起来制作贺卡，好吗？”

得到了爸爸的同意，孩子很高兴，欢快地跑到他的房间里拿出彩纸、画笔和剪刀等工具。

就这样，父子俩坐在一起，动手制作贺卡。王东让儿子在每张贺卡上画画，然后又问儿子需要写什么样的祝词，并帮孩子写上去。经过将近一个小时的工作，他们共制作出6张贺卡。看着儿子满意地把贺卡装进书包，王东心里感觉甜蜜蜜的。

和孩子一起制作贺卡有特别的意义，那就是让孩子认识到人与人之间需要友爱和一颗感恩之心。爸爸可以给孩子讲一

下人际交往的重要性，让孩子懂得友善地对待身边的人。

小小的贺卡，传递着友爱和温情，让原本普通的节日变得温馨。当孩子向你提出制作贺卡的要求时，如果你高兴地陪孩子制作贺卡，那么孩子会觉得你是一个开明的爸爸，是一个理解他的好爸爸。

和孩子一起制作贺卡，鼓励孩子充分发挥想象力，能够展现孩子的聪明才智。同时可以培养孩子的感恩之心，让孩子学会祝福他人，也能让孩子感受合作的愉悦。爸爸和孩子一起制作贺卡时，要对孩子持有赏识的态度，对孩子的创作给予肯定，使孩子的创造性思维得到激发，自信心得到增强。

会玩的爸爸来支招：

爸爸有时候也可以让孩子做老师来教自己做卡片，这样能让孩子更加主动积极地解决问题。

女儿小美已经学会了制作贺卡。周末的一天，小美对爸爸说："爸爸，我教你制作贺卡吧？"爸爸笑着说："好啊，爸爸想和你学学怎么制作贺卡，来教我吧。"

于是，小美摆开了架势，爸爸则像一个听话的学生，小美叫他怎么做，他就乖乖地跟着做。小美对爸爸说："爸爸，你帮我在这张纸上挖个洞洞，我要在这里剪出一个爱心，然后贴上漂亮的窗花。"爸爸说："好的。你看是这样剪吗？"得到小美的默认后，爸爸认真地剪起来。小美不时在一旁指点："你先要对折，然后用铅笔在上面画出来，再剪，这样就会有洞洞了。”爸爸点点头，似乎懂得了道理，就自己画起来了。

没想到的是，爸爸在纸上画好、剪好后，发现剪出的“洞洞”不是小美想要的爱心。小美一看急了：“为什么会有两个洞洞，为什么她不是爱心呢？”不过经过第二次尝试，爸爸终于帮小美剪出了想要的一个大大的爱心。

小美教完爸爸制作贺卡，父女俩又探讨起怎么样把贺卡做得更漂亮的问题。周末时光就在父女俩的探讨中愉快地度过了。

必要的装备：

剪刀、糨糊、彩笔、彩色的装饰纸等。如果你有时间，可以搜集一些贺卡的制作方法，然后教给孩子，使孩子制作出的贺卡显得独具匠心，惹人喜爱。制作贺卡的方法有绘图法、喷画法、粘贴法、拓印法、刺画法、雕刻法，等等。

让游戏更尽兴：

制作贺卡的方法很多，爸爸要充分发挥孩子的想象力，根据孩子的兴趣爱好，指导他用绘画、剪纸、刺绣、拼贴等形式，做成一美丽的贺卡，然后爸爸可以帮孩子写上想要说的祝词，让贺卡的内容更加丰富。

要知道回报妈妈，和孩子一起给妈妈做大餐

《爸爸去哪儿》节目中有很多爸爸和孩子一起做饭的场景。从开始的什么都不会到最后能帮助爸爸们干力所能及的活，相信在这个过程中，孩子们学会了怎样更好地帮助爸爸完成任务。在雪乡那一期，王诗龄帮爸爸洗白菜是不是温暖了很多人的心呢？

多多最喜欢玩“过家家”游戏，可是最近她不满足现状了。在妈妈烧饭的时候，她也要出来“帮忙”，要帮着妈妈洗菜、做饭、拧煤气开关……给妈妈忙中添乱，妈妈没有时间教她做饭，总是劝她到客厅里去玩。

多多的爸爸看到这个情况后，趁妈妈周末加班的机会，便对多多说：“妈妈上班非常辛苦，每天还要为我们做饭，今天她加班了，我们一起为她准备晚餐好吗？”

多多听到爸爸这样说，可高兴了。事前，爸爸让多多用微波炉做饭，并与她约定好：第一，一定要在爸爸的允许下才能使用微波炉；第二，一定要按爸爸说的去做。

多多在爸爸的指导下有模有样地淘起米来。爸爸在米中加入水，并放入微波炉，让多多按开关。微波炉灯亮了，多多非常兴奋，自言自语地说：“我煮的饭肯定好吃。”过了一会儿，只听“叮”的一声，微波炉停下了。多多迫不及待地端出米饭，拿

起碗就盛，一连扒了好几口白饭，连声说：“好吃！”

这时候爸爸把菜炒好了。他们通过合作为妈妈准备了一顿特别的晚餐。

多多爸爸的做法非常有意义，可以让孩子体会做饭的辛苦，从而更加心疼父母。

现在的孩子大多都娇生惯养，吃、穿、住、行一切都由父母包办，严重缺乏自理能力。很多孩子不会洗衣、做饭，没有独立生活能力，这对孩子将来很不利。爸爸和孩子一起做饭，让孩子亲自动手，能使孩子掌握一定的生活技能，从而锻炼孩子的自理能力，培养孩子的自立意识。

和孩子一起做饭，还能让孩子体味劳动的艰辛、劳动成果的来之不易，从而激发他吃苦进取的精神，培养勤俭节约、珍惜劳动成果的良好品质。

做饭，是孩子独立生活必备技能之一。爸爸找机会和孩子一起为妈妈准备晚餐，可以让孩子在做饭的过程中体会到合作的愉快和劳动的快乐。还能让孩子体会到妈妈每天为全家人做饭是多么辛苦。这样既能培养孩子的生活能力，又能激发孩子的感恩之心。

会玩的爸爸来支招：

和孩子一起做饭，最初的时候不要让孩子掌厨，要让孩子配合爸爸择菜、洗菜。因为孩子并不知道怎么做饭，很容易惹出乱子。等孩子跟爸爸做了几次饭之后，再让孩子试着去炒菜，并在一旁指导孩子添加作料。通过这种循序渐进的方式，能让孩子掌握做饭的要领。对于孩子来说，他们很愿意做一些有意义的工作，和爸爸在一起做饭，会让孩子感觉快乐。因此，爸爸有必要把孩子纳入日常劳动中来，而不是将他们排除在外，要给他们为家庭做贡献的机会。

必要的装备：

爸爸要事先准备好食材、炊具，自己要先知道怎么做，然后才能教给孩子怎么做。

爸爸事先要学会使用各种炊具，在和孩子一起做饭的过程中要注意安全。

适合不同年龄孩子掌握的烹饪技巧。

3岁以下

•擦洗、蘸料、撕菜以及择菜（如摘青豆等）。

•剥皮（某些食品）、榨汁以及压碎。

•剥玉米的皮。

•洗菜。

•测量并倒入配料。

•亲手搅拌。

•使用食品加工机（只是按一下开关按钮，虽然很简单，但这也是一个让孩子参与做饭的好方法）。

4~10岁

•使用不快的刀切蘑菇。

- 打鸡蛋及将蛋黄与蛋白分开。
- 读食谱。
- 发明简单的食谱。
- 在炉子上炒菜（在成人监护下）。
- 在确保安全的前提下使用开罐器或食品加工机。
- 刮奶酪丝。
- 切蔬菜、水果等（使用塑料刀或餐刀）。

超过10岁

任何你可以做的事，他们都可以做。但是在他们使用锋利的刀具、高温烤箱以及火炉时，需要有人监护。

让游戏更尽兴：

爸爸们不要忘记保持冷静，随时提醒孩子防范厨房内的安全风险，但是也不要太激动。应让孩子们了解厨房内的危险而不是让他们感到害怕。

每次在孩子使用高温烤箱或蒸汽锅时，都必须有成人监护。同时，使用适合小孩的隔热手套和厚布。

不能让孩子们品尝任何含有生肉或鸡蛋的食物。否则可能会导致感染沙门氏菌、大肠杆菌或产生其他食品安全方面的问题。

在没有足够的使用削皮刀或锯齿刀的经验前，不应让孩子们使用过于锋利的刀具。

和孩子一起照顾宠物

只有保护孩子对动物的喜爱之情，才能教育出一个有爱心的孩子。《爸爸去哪儿》中安吉拉对生活的热爱，是不是和爸爸没有阻止她照顾小动物有关系呢？如果爸爸嫌脏不让她抱公鸡、喂小羊，安吉拉还会是那么可爱的小姑娘吗？

6岁的海涛向爸爸提议，他想养一只宠物。宠物店的老板建议他们买一只宠物鼠，只需要给它水、食物、干净的笼子和关爱就可以了。爸爸听后买下了它。自从买回了宠物鼠，海涛就每天喂它，帮它打扫笼子，并且经常陪它玩。爸爸妈妈还教海涛如何喂养宠物鼠，如何爱它。起初爸爸妈妈和海涛一起照顾宠物鼠，然后爸爸妈妈看着海涛做。很快，海涛学会了所有的步骤，能独立照顾宠物了。

可是没过多久，海涛对宠物鼠的新鲜感渐渐消失了。爸爸妈妈在家庭会议上讨论照顾宠物鼠的问题，他们用很多办法来提醒海涛照顾宠物，比如在墙上贴一张大标语，提醒他照顾宠物，可是海涛还是经常忘记。

又到了开家庭会议的时间了，爸爸妈妈决定把宠物鼠转让给别人照顾。海涛舍不得宠物鼠离开自己，他哭着向爸爸妈妈保证，一定会好好照顾它。经历了这件事，海涛的责任感增强了很多，他再也不会忘记喂养宠物鼠了。

每个父母都想培养孩子良好的品质，比如忠诚、友善、宽容、责任感等。但是常常由于概念抽象，使孩子难以理解和接受。其实在这方面，宠物可以助你一臂之力。儿童专家认为：“照顾宠物可以培养孩子照顾另一种生物的责任感，还能让孩子理解什么是忠诚。”

譬如，当孩子每天放学回家，看到家里的小狗准时出现在大门口摇着尾巴，欢迎他回家时，孩子就不难理解什么叫忠诚了，这远胜过给他上几堂道德课。而且，小狗会不断将这个道理演示给孩子看。再比如，有时候孩子会抓住小猫咪的尾巴虐待它，但事后，小猫会不记仇依然和孩子一起玩。父母可以通过这件事告诉孩子什么是宽容，让孩子学会原谅别人的错误。

会玩的爸爸来支招：

有的家长觉得孩子是无法照顾好宠物的，因为他们连自己都不会照顾，所以他们会说：“接受事实吧，孩子是不会记得照顾宠物的，只会让宠物挨饿。父母还得不停地提醒孩子喂养宠物，会让孩子觉得很烦。”显然，这些话是有道理的。所以，如果你想让孩子负责照顾宠物，必须事先和孩子达成协议。

当孩子有了宠物时，在最开始几天要和孩子一起照顾宠物。等孩子学会了以后，父母可以逐渐把照顾宠物的任务完全交给孩子。

如果孩子没有兑现承诺，爸爸可以给孩子一个选择："要么照顾宠物，要么给它找一个能照顾它的新主人。"但若做了选择，即使孩子哭着恳求你，你也要坚持到底。你可以认真地对孩子说："我知道这让你很难受，我也一样会想念它的。也许过一段时间，我们可以再养。"

必要的装备：

给孩子提供饲养动物的机会，让孩子担负起照顾动物的责任。

让游戏更尽兴：

当孩子推卸照顾宠物的责任时，爸爸应当以接受的态度看待孩子这种正常的行为——他们没有缺陷，也不是坏孩子，这样父母就会减少很多烦恼。爸爸应该明白，孩子坚持不下来属于正常，因而必要的时候父母应该和孩子共同承担责任，和孩子携手而行。要知道，孩子的人生有很多很重要的事，从小学会负责任将让他们终身受益。

家人不要只给孩子过生日，爸爸和孩子一起给家人过生日

《爸爸去哪儿》节目中，在灵水村的那个夜晚，Cindy一句"祝爸爸生日快乐"让田亮非常感动。如果爸爸和孩子一

起给家人过生日，给家人一个惊喜，也会让过生日的家人非常感动。

小虎是一个很懂事的孩子，母亲生日那天，他和爸爸准备给妈妈挑选一份礼物。

他们来到花店，爸爸鼓励小虎和店主沟通，“我想要12枝玫瑰花。”小虎有点害羞地说。“12枝太少了吧？”店主笑了笑。“那么就要18枝玫瑰花吧，有什么颜色的呢？”一旁的爸爸问。“有粉红色和深红色。”小虎马上说：“我想要12枝深红色，6枝粉红色！”爸爸说：“好，就这样吧。”店主还赠送了他们一张生日卡。

店主把新鲜的玫瑰花拿过来，花朵用白色的网包着，像一个花骨朵儿，非常可爱。店主扎花的时候，爸爸指导小虎写贺卡。爸爸说一句，小虎写一句。在爸爸想的时候，小虎就观察店主扎花，看着店主给玫瑰花加上4层彩纸。第一层是粉红色的花纸；第二层是透明的印着小花的花纸；第三层是透明的塑料纸；第四层是粉红色的花纸，非常美丽。店主把花扎好了，小虎的贺卡也写好了。

贺卡上是这样写的：祝妈妈身体健康、美丽动人、心情愉快。您多年关心我、支持我，让我快乐成长，我超级感谢您。

小虎从口袋里拿出大把零花钱，把花儿买下，然后拿着满意的鲜花，和爸爸一起高兴地走出了花店。捧着一大束花，小虎有一种幸福感和自豪感。

在孩子的成长过程中，妈妈对孩子倾注了无私的爱。让孩子给妈妈准备生日礼物，以此表达感恩之情，能使孩子和妈妈的感情更加深厚，家庭关系更加和谐。在为妈妈准备生日礼物的时候，爸爸有必要给孩子提供一些帮助，但最好和孩子一起准备礼物。

和孩子一起为妈妈准备生日礼物可以培养孩子的感恩之心。

在很多父母看来，给孩子过生日，准备生日礼物是理所当然的，而让孩子给自己准备生日礼物，似乎有点强人所难，毕竟孩子没有经济来源。其实这样想是不对的。培养孩子的感恩之心是一项长期的工作，需要从孩子很小的时候开始，让孩子明白父母爱他，他也应该爱父母。

爸爸和孩子一起为妈妈准备生日礼物，有利于爸爸和孩子进行情感交流，也有助于爸爸把爱传递给妈妈、传递给孩子，这样能促使家庭成员互相关爱、和谐共处。

会玩的爸爸来支招：

能记住妈妈的生日，并懂得给妈妈买礼物，这样的孩子总能给父母带来欣慰和感动。当爸爸陪着孩子给妈妈准备生日礼物时，爸爸和孩子会进行交流，这也是一种情感沟通，有助于培养孩子爱的能力和亲情的感悟能力。

选择礼物时爸爸最好尊重孩子的想法。

爸爸和孩子一起为妈妈准备礼物的时候，应该让孩子成为其中的主角，让孩子发挥主导作用，这样孩子的积极性才能被充分调动起来。

必要的装备：

如果孩子小，爸爸要陪孩子选礼物。如果孩子能够负担得起就让孩子自己负担，如果孩子负担不起，爸爸就要帮孩子分担一部分。

选礼物时，爸爸要让孩子量力而行，不能攀比，不能追求奢华。

让游戏更尽兴：

爸爸和孩子一起给妈妈准备生日礼物，鼓励孩子用零花钱给妈妈买礼物，可以培养孩子的理财能力，让孩子懂得把钱花得更有意义；如果和孩子一起动手制作生日礼物，可以让孩子体验到其中的快乐，会使生日礼物的准备过程更有意义。最关键的是让孩子在此过程中学会感恩、学会表达爱。

和孩子一起孝顺长辈

《爸爸去哪儿》中小石头给奶奶打电话那一节，看到一个几岁的孩子嘱咐奶奶注意身体的时候，我相信有无数观众在这一瞬间被这个调皮的孩子感动了。我也从那个时候重新认识了小石头。这是一个很调皮但是内心却很细腻的小朋友。要让孩子懂孝顺长辈，这是爸爸对孩子不能缺失的教育。

一天晚饭后，璐璐奶奶腰酸背痛的老毛病又犯了。璐璐爸爸二话没说，就把奶奶扶到床上，让她先躺着休息一下。接着，爸爸坐在床边为奶奶捶腰和背。在客厅看电视的璐璐见爸爸好久都没从奶奶的房间出来，就跑过去看了看。她看见爸爸正在一边和奶奶聊天，一边帮奶奶捶腰。璐璐也想出点力，请求让她给奶奶捶背。得到爸爸的允许后，璐璐很小心地为奶奶捶背。奶奶看到孙女这么懂事，笑得合不拢嘴，早已忘记了腰酸背疼。爸爸看到璐璐认真的样子，心里也甜滋滋的。

虽然这只不过是生活中的小事，但这正是应该做的。正是因为这种点滴小事，孝敬长辈的美德才能不断传承和发扬下去。身为爸爸，有必要以身作则，从自身做起，从身边的小事做起，为孩子提供一个学习的榜样，使孩子学会孝敬长辈。

孝顺长辈是一种传统美德，并不仅仅是空洞的口号，需要体现于每一个生活细节中。比如见到长辈要问候；与长辈说话要有礼貌，并且常与他们交谈；外出和回家要打招呼；吃好东西时要想到他们；真正从心里尊敬他们，帮他们分担一点家务。当长辈唠叨的时候，要学会体谅他们；当长辈爱忘事时，要懂得理解和原谅。这样孩子就能养成孝敬长辈的美德。

现在的孩子大多数是独生子女，他们在家庭生活中过多地享受父母、长辈对自己的爱抚和关照，依赖父母、长辈，却不懂得尊敬他们，喜欢在他们面前撒娇、任性，甚至指使他们为自己做事，有时还嫌他们“动作迟缓、爱唠叨”。很多家长反映，自己的孩子在家不听话，还喜欢给长辈脸色。这些不良现象反映了孩子们缺少尊敬长辈的美德。因此，爸爸要做孩子的榜样，和孩子一起孝顺长辈。

生活中，有些孩子之所以不尊重长辈、不尊重父母，是因为父母没有为他们树立尊敬老人的榜样。有些父母对长辈不太礼貌，他们的孩子也学着他们这样对待长辈，才致使孩子们不懂得尊敬长辈。

因此，想让孩子养成孝顺长辈的习惯，爸爸要起带头作用。当爸爸和孩子一起孝顺长辈时，爸爸能给孩子一种无声的教育，使孩子在无形中懂得孝顺长辈的意义。

会玩的爸爸来支招：

经常听到一些家长说：“现在的孩子越来越不尊敬长辈了，没大没小，不懂得关爱别人。”其实，这并不完全是孩子的错，而与家长的言传身教有很大的关系。在教育孩子的时候身教比言传重要。因为孩子喜欢模仿，父母做了什么，怎样做的，孩子都会模仿。所以，要教育孩子孝顺长辈，爸爸首先就要做一个孝顺长辈的人，然后带着孩子一起孝顺长辈，这样孩子才能懂得感恩，懂得尊敬长辈。

必要的装备：

爸爸要给孩子提供孝敬长辈的机会，拜访长辈的时候要带上孩子一起前往。

爸爸也可以事先准备一些礼物，并让孩子交给长辈，等孩子送礼物给长辈的时候孩子们也能收到长辈的礼物，这样他们会非常高兴的。

让游戏更尽兴：

爸爸平时可以带孩子一起孝顺长辈。

（1）每周和孩子一起给爷爷、奶奶、姥姥、姥爷打一次电话。提醒孩子要问候老人。

（2）逢年过节，和孩子一起给老人选一些礼物。

（3）孩子主动孝敬老人时，爸爸要表扬孩子的行为。

和孩子一起去孤儿院、养老院做志愿者

从孙萌6岁开始，爸爸就坚持每月带她到福利院做一天志愿者。如今孙萌已经9岁了，与同龄孩子相比，她懂事、富有爱心、并乐于从事社会公益事业。在做志愿者的过程中，孙萌付出了辛苦，也收获了快乐。

孙萌的爸爸说，女儿6岁之前，他并没有刻意培养她的爱心。他像全天下所有的父亲一样，希望女儿琴棋书画样样都出色。女儿5岁时，他就给她报了绘画、书法、钢琴等培训班。可是一段时间后，他突然发现女儿的知识没长进多少，却表现得越来越自私，做事情处处以自我为中心。

爸爸猛然发现，从小培养女儿如何做人，比单纯给她灌输知识更重要。于是在女儿6岁那年的儿童节，爸爸特意准备了一些小人书、玩具、衣服和20元钱，告诉她要去福利院看望孤儿，让她用这20元钱买一些礼物送给小朋友。

第一次接触福利院，6岁的女儿感觉很新鲜，表现也非常活跃。她一会儿给小朋友讲故事，一会儿给小朋友唱歌，一会儿又拉着小朋友玩。下午回家的路上，女儿默默无语，过了很长时间才说："爸爸，这些小朋友真可怜，连爸爸妈妈都没有，以后我要经常来陪他们玩。"看着一脸正经的女儿，爸爸知道不虚此行。渐渐地，女儿小小的心灵里那颗爱的种子已经发芽、开花了，她已经开始意识到自己的幸运，意识到要学会帮助别人，关心父母。

带孩子去做志愿者，是奉献社会的一种方式。通过参与志愿者工作，能为社会出力，帮别人解决困难。这样会让孩子变得有同情心和爱心，并且愿意去帮助有困难的人。

孩子利用业余时间参与一些有意义的工作和活动，既可以扩大生活圈子，也可以亲身体验社会的人和事，加深对社会的认识，这对孩子自身的成长和提高十分有帮助。

做志愿者可以为孩子提供学习的机会，孩子在参与志愿者工作的过程中，除了可以帮助别人，还可以培养自己的组织及领导能力、学习新知识、增强自信心及学会与人相处等。

对社会而言，志愿者活动把关怀带给社会的同时，也传递了爱心、传播了文明。这种“爱心”和“文明”从你和孩子身上传递给别人，最终会汇聚成一股强大的社会暖流。

会玩的爸爸来支招：

在志愿者活动中，爸爸要充分表现出对弱势群体的关心和爱护，不能有任何歧视别人的表现。比如，爸爸带孩子去养老院，在照顾老人时要像对待自己的亲人一样，给孩子树立一个榜样。这样孩子就能学会真心善待他人。

有一次，爸爸带儿子到一个敬老院做志愿者。扫地时，爸爸看到一位老人的指甲很长，而且满是污垢。他马上打来热水，给老人洗手洗脚，并拿出自己随身携带的指甲剪，耐心细致地给老人剪指甲。当时儿子看到爸爸很认真的样子，一直记在心上。老人的手脏得让人觉得有些恶心，很多人都不乐意去碰，但是爸爸丝毫没有嫌弃的意思，给儿子树立了榜样。

事后，爸爸问儿子：“那个老奶奶的手那么脏，你知道为什么我不嫌弃吗？”没想到才7岁的儿子说出了让爸爸感动的话：“爸爸，因为你把她当做了亲人，所以就不觉得脏了。”从那以后，儿子每次做志愿者的时候，都积极为老人洗手洗脚，深受老人们的喜爱。

想让孩子做一名合格的志愿者，爸爸们需要用行动告诉孩子，为孩子树立榜样，教育孩子对弱势群体保持爱心，而不是瞧不起别人。另外，在帮助别人的过程中，爸爸还要鼓励孩子和别人交流，这样能提高孩子的交际能力，让孩子的人际关系更融洽。

必要的装备：

爸爸要事先了解一下做志愿者的养老院或者孤儿院的实际情况，看他们需要什么东西，然后准备一些物品，让孩子送给大家。让孩子享受到帮助别人的快乐，并养成帮助人的好习惯。

让游戏更尽兴：

带孩子做志愿者不能只是走走过场，关键在于坚持。因为经常带孩子去做志愿者，可以让孩子时时提醒自己，他的生活很幸福，没有自卑、抱怨的理由，而应该学会珍惜和感恩，学会爱人和助人。

带孩子去帮助弱势人群

《爸爸去哪儿》在鸡鸣岛那一段，孩子们有个任务就是去照顾村里的老人。我们在节目中不仅仅看到了孩子们的乖巧懂事，更看到了老人们的孤单。带孩子多多帮助这些老人，这对孩子的成长很有帮助。

女儿4岁多的时候，有一次跟着爸爸去超市购物。在超市旁边的一个角落里，他们看到了一个衣衫褴褛、头发花白的老奶奶趴在地上。在她面前放着一个破旧的碗，里面有几张零碎的纸币。

女儿瞪着大眼睛，仰着头问爸爸：“爸爸，她怎么啦？”

爸爸觉得这是一个进行爱心教育的好机会，便蹲下来，一边递钱给女儿，一边对她说：“那是一个穷苦的人，因为年纪大没办法去赚钱，又无人供养，她不得不到处流浪，乞求好心人给她一些钱财以维持生活。”

女儿听了爸爸的话，很自觉地拿起钱向老奶奶走去，然后把钱轻轻地放在碗里。老奶奶双手合十，对女儿表示感谢。女儿快步跑回到爸爸身边，脸上洋溢着善意的微笑，爸爸又轻轻对她说：“当你看到别人有困难时，你应该给他们善意的帮助。”

生活中，很多平常的小事都是教育孩子要善良的素材，比如，让孩子牵老爷爷过马路，帮老奶奶提东西，照顾小弟弟、小妹妹，爱护动植物等，这些可以逐渐让孩子拥有一颗仁爱之心。

一个具有仁爱之心的孩子，通常会这样做：首先，他能够充分地理解和同情别人的艰难和困苦；其次，他能够表现出关爱和救助他人的行动；最后，他会把自己帮助他人的行为，真正当成一种快乐。

让孩子变得有爱心，不是靠命令，而是靠父母用自身行为来影响孩子。平常孩子看多了家长富有爱心的行为，就会记在心里，然后学父母那样去表达爱心。父母和祖父母、邻里之间关系密切，相互尊重、相互关心，孩子置身于这样一种和睦、融洽的氛围中耳濡目染，随着年龄的增长，也会养成尊老爱幼的品行，效仿长辈关心他人、帮助他人。

会玩的爸爸来支招：

榜样的力量是无穷的。培养孩子的爱心，需要爸爸为孩子树立关心、理解、爱护他人的好榜样。有一则公益广告：一个小男孩看到劳累了一天的妈妈下班回家后，还要给姥姥洗脚、陪姥姥说话，于是，他学妈妈那样，偷偷打来一盆水，端到妈妈跟前，轻轻地说了句："妈妈，洗脚。"这就是榜样的力量使孩子懂得了爱护妈妈。让孩子帮助别人也是这个道理，有爸爸做榜样，孩子就会进步得很快。

必要的装备：

让孩子帮助弱势群体的同时，要让孩子区分哪些是真正需要帮助的人，哪些是伪装成弱者来骗取人们同情的骗子。

让游戏更尽兴：

许多爸爸只知道让孩子接受爱，却忽视了让孩子奉献爱。其实施爱与接受爱是相互的，如果让孩子只是接受爱，渐渐地，他们就丧失了施爱的能力，只知道索取，不知道付出，并且觉得得到爱是理所当然的。

有的家长认为给孩子多点关心和疼爱，等他长大了，他就会孝敬父母、疼爱父母。其实这是一种误解，爱心的培养不是一蹴而就的，需要家长为孩子创造奉献爱心的机会。比如带孩子去捐献爱心；带孩子去看望生病的亲朋好友；让孩子用零花钱给爷爷奶奶、外公外婆购买礼物，这些都能培养孩子的仁爱之心。

孩子害怕与人交往，和孩子一起去拜年

董阳是个懂礼貌的小绅士，在亲友间很受欢迎。他写了一篇题为《拜年》的作文，记录了自己大年初一拜年的经历：

大年初一的早上，我正在睡懒觉，妈妈突然把我叫醒，说要去爷爷奶奶家拜年。我高兴地一蹦三尺高，马上穿好了衣服。

到了爷爷奶奶家，爸爸妈妈拿出了事先准备好的礼物递给爷爷奶奶，笑眯眯地说："祝爸妈身体健康，越活越年轻。"爸爸妈妈拜完了年就轮到我了，我清清嗓子说："祝爷爷奶奶身体健康、万事如意。"

听到了我的祝福，爷爷奶奶都哈哈大笑起来，连忙拿出了红包，说："好、好，说得好呀，真是个懂事的孩子！"我听了这话也学着爷爷奶奶的样子大笑起来。接着，奶奶问我："小凡，你期末考试成绩如何呀？"我笑着回答说："语文96分，数学99分。"奶奶对我的成绩很满意，说："考得真

好。”我得意地笑了。

过年了，每个家庭都热热闹闹的，特别是拜年的时候，很多平时见不到的亲朋好友都见面了，大家的脸上都洋溢着节日的微笑，那种温暖祥和的氛围会给孩子留下幸福的感觉。

当孩子看到亲戚朋友之间相互问候、相互祝福的时候，孩子们会体会到亲情的含义，体味到“亲如一家”的感觉。

另外，拜年的时候，孩子会遇到很多同龄的孩子，这就为他们提供了一个交往的机会，对培养孩子的交际能力也是很有帮助的。

拜年时，要教孩子礼貌地称呼亲戚朋友，要教孩子对长辈说祝福语和“吉利话”。对于不同的人，应该让孩子说不同的祝福语。拜年的时候，要让孩子讲究卫生。如果孩子衣着邋遢、蓬头垢面、随地吐痰、乱扔果皮，是不会讨人喜欢的。拜年时，大人不一定要给晚辈压岁钱，给他们准备一些小礼物，同样能带给他们欢乐和惊喜。

会玩的爸爸来支招：

很多孩子喜欢拜年是因为可以收到红包、吃好吃的，他们甚至以“恭喜发财，红包拿来”作为讨红包的专用语。殊不知，这是很没礼貌的，而且会让孩子对过年有错误的认识，认为过年就是“讨压岁钱”或是吃喝玩乐，而忽略了拜年的真正意义。因此，爸爸要想办法纠正孩子的不良想法。

宋辉曾向人讲述了自己女儿2010年春节的行程：大年三十、初一去爷爷奶奶家；初二去外公外婆家；初三上午去姑姑家，下午陪奶奶出门拜年；到了初四，孩子又跟着姥姥串门拜年；初五休息了一天；初六，孩子又被宋辉夫妇带出去参加同学聚会。挨个去亲戚家拜年，女儿虽然辛苦，但是也收获颇丰，得到了不少压岁钱。

看着女儿抱怨苦累的痛苦表情，宋辉又心疼又无奈，“还不是因为压岁钱嘛！”宋辉说出了家人打的“小算盘”，“去别人家拜年看到晚辈我都给压岁钱，不带孩子出去拜年，这个春节压岁钱就赚不回来了！”

春节期间走亲访友时给晚辈压岁钱早就是人之常情了，压岁钱表面看是给了孩子，可不少爸爸都打着小算盘。像宋辉女儿这样忙着赶场收压岁钱的孩子不在少数，尽管孩子们觉得辛苦，但面对压岁钱，不少爸爸还是选择了带孩子赶场拜年。

春节拜年，联络亲朋好友之间的感情，本来是一件令人愉快的事情，但是当压岁钱在其中起到主导作用的时候，就容易误导年幼的孩子。孩子们可能认为，春节拜年就是为了压岁钱，而忽视了最根本的情感交流。这样下去，孩子就可能把金钱置于亲情之上。

当孩子长大了，拜年收不到压岁钱的时候，他们可能会觉得拜年是一件很没劲的事情，慢慢地淡忘了亲人之间的情感交流。因此，为了让孩子正确认识拜年的意义，父母需要淡化

“压岁钱”的概念，让孩子带着一颗单纯的心走亲访友、联络感情。

必要的装备：

爸爸事先讲好必要的礼仪，告诉孩子拜年的目的是问候而不是收压岁钱。

让游戏更尽兴：

说到过年，我们就想到了拜年，可很多父母想到的是压岁钱。因为带着自己的孩子去亲戚朋友家拜年，孩子总能收到不菲的压岁钱。之后孩子的压岁钱被自己没收，也就得到了一笔“收入”。因此，他们总是乐此不疲地带孩子外出拜年，而没有考虑孩子是不是累了，是不是愿意跟着去。爸爸不要强迫孩子跟着自己去拜年。

孩子胆小、不礼貌，和孩子一起去朋友家做客

《爸爸去哪儿》节目中，爸爸们分配好房间以后，经常带着孩子们去别人家串门。灵水村那一期，“黑米”就和爸爸一起去安吉拉家串门，俩人还一起看大公鸡。这让原本并不熟悉的两个孩子迅速地熟悉起来。爸爸们平时有空也可以带孩子多串门，多参加聚会，给孩子更多和人交往的机会。

爸爸妈妈带着萱萱参加了外公外婆组织的家庭聚会。一共19人，这样大型的家庭聚会，让萱萱非常兴奋。

“哇，好大的桌子啊！”一进门，萱萱就大发感慨。

人到齐后，萱萱在爸爸妈妈及亲戚朋友的鼓励下当众唱了一曲《我的家》。大家报以热烈的掌声，这让她激动地手舞足蹈。

宴会开始了，外公是这个家庭中年龄最大的，他说：“金鼠闹新春，是个丰收年，祝大家事事顺利！”几个舅舅都纷纷举杯给外公敬酒。就连8岁的萱萱以及表兄妹们也举起可乐一起碰杯。

宴席进行了一段时间后，爸爸鼓励萱萱向外公、舅舅们敬酒，当然，她用的是可乐。萱萱没有丝毫羞涩，站起来举起可乐杯对外公说：“外公，我祝你健康长寿，祝我们每年都能有这样的家庭聚会。来，干杯！”那甜甜的声音感染了在场的很多大人。

宴会上，萱萱礼貌大方的表现赢得了大家的赞许，萱萱为此非常高兴。

很多孩子在家里霸道无礼，遇见陌生人或是到别人家里，就完全变了个样——羞怯、胆小、不与人打招呼，等等。其实这就是孩子胆小、不懂礼貌的表现。爸爸可以时常带着孩子外出做客，在这个过程中，有意识地教孩子一些交往常识，指导孩子与主人家的孩子玩，让孩子友好地对待别人。

经常带孩子出去走走，多见几个陌生人，孩子就会慢慢适应社交环境，学会应对与人交往过程中的问题。如果爸爸老是把孩子放在家里，那么孩子胆小、不礼貌的毛病是不容易改变的。

会玩的爸爸来支招：

怎样才能让孩子做个文明懂事、举止大方得体的小客人呢？这不但与孩子的教育息息相关，同时也离不开爸爸对一些突发的尴尬事件的妥善处理。

1. 尴尬场景一

问候是孩子见到人最基本的礼貌，可是有些孩子对此似懂非懂，并不乐意与人打招呼。面对这种情况，爸爸要心平气和地对待，不要觉得自己在亲朋好友面前丢了面子。不过为了避免这种情况再次出现，下一次带孩子做客之前要让孩子有心理准备，告诉他要见的是谁，怎么称呼，而且可以和孩子在家练习一下。

2. 尴尬场景二

当亲戚朋友给孩子礼物时，孩子的小手一份接一份地拿着，但就是不肯开口道谢。遇到这种情况，爸爸千万不要斥责孩子“真不懂事”，或者恐吓孩子“你要是不说谢谢就不给你这些礼物了”，等等。正确的做法是，爸爸可以先代孩子向赠予礼物的朋友致谢，然后再在私底下和孩子讲清道理，如“阿姨送给你礼物，就要感谢阿姨，这才是懂礼貌的好孩子。如果不感谢，下次阿姨就不会再送你礼物了。”然后鼓励孩子表达谢意。

3. 尴尬场景三

出门做客，孩子经常会无缘由地哭闹，破坏气氛。出门做客，环境发生了改变，孩子可能会产生陌生感，所以哭闹是正常的。面对这种情况，爸爸首先要摆正心态，可以轻声告诉孩子要做礼貌的小客人，不能在做客的时候哭闹。

假如这样安抚没有效果，你可以尝试分散孩子的注意力。比如指出自己家里没有而别人家里有的物品给孩子看或玩，转移他的注意力。

如果孩子依然哭闹，为了不妨碍别人，你可以先把他带到户外逛逛，等他缓过劲儿来再给他讲道理，情绪平稳了再带他返回。

4. 尴尬场景四

孩子好奇心强烈，当他发现新奇的东西时，可能会去碰、去摸，成为“破坏大王”。孩子弄坏了主人家的东西是非常难堪的，但是你依然要保持冷静，不要对孩子大吼大叫。这样既不能解决问题，还会把孩子吓得号啕大哭，把场面弄得更加混乱。

建议你首先看看孩子是否受伤，这样既能保护孩子的安全，同时也可以减少孩子的恐惧感，让孩子停止哭泣。其次，你需要向主人家道歉，收拾残局，回家后再买合适的礼物赠予主人。最后，问问孩子为什么会把东西弄坏，告诉孩子做客时想动主人家的东西要先征求意见。最后，让孩子当面向主人家道歉。

5 尴尬场景五

天色渐晚，该是道别的时候了，可是孩子玩得很高兴，就是不肯回家。当孩子玩得正高兴时，你突然说要回家，孩子当然会不高兴。所以，在确定回家时间时，建议你适当考虑孩子的因素：看看孩子与小伙伴的游戏活动结束与否。

假如孩子不肯回家，你要告诉孩子为什么要回家。比如，时间很晚了，主人需要休息等。其次，约定下次还带孩子来，或者回家继续玩这个游戏。

必要的装备：

带孩子外出做客，爸爸要教会孩子问候他人，得到礼物要表达谢意，鼓励孩子与小朋友玩。在吃东西的时候，要让孩子学会分享，懂得谦让。

让游戏更尽兴：

出门做客本身也是一种教育。爸爸带孩子去做客之前，一方面要慎重选择做客的家庭，另一方面还要考虑到孩子的年龄和心智成熟度。有许多爸爸为孩子胆小、怕生人、不敢和人交往而苦恼。其实，时常带孩子去做客，可以让孩子学会与人交往。但是在做客的时候，爸爸应该让孩子学会文明礼貌，不能哭闹着要回家，甚至把整个聚会搅黄，弄得大家不欢而散。

Part 10.

孩子和爸爸关系不好？多带孩子进入他们未知的领域

爸爸尽量多接孩子放学

每年和孩子策划实施一次出游

和孩子一起去买衣服

爸爸和孩子早晨一起出去走走

饭后的时间很宝贵，和孩子一起散步

每个月和孩子一起看场电影

在游戏中拉近彼此的关系，和孩子一起玩水

孩子不理解爸爸？给孩子讲讲自己的工作

爸爸不了解孩子？爸爸和孩子的朋友交朋友

爸爸尽量多接孩子放学

每天晚上，可可都要听着妈妈讲的故事入眠。而爸爸，在可可心目中总是忙忙碌碌、早出晚归，回家后总是满脸疲惫。一天，妈妈有事在忙，可可却吵着要听故事，妈妈只好对可可的爸爸说：“老公，你去给可可讲个故事，让她赶紧睡觉吧。”

爸爸抬头看了一眼墙上的钟，又低下了头，说：“还是你去吧，我这儿还有好多公事要处理，没有时间。再说了，她睡觉都习惯有你，我去了她也未必愿意。”

几天后，爸爸陪可可去幼儿园开家长会，老师说到可可在学校里的学习表现：写作业不认真，不喜欢和小朋友玩，等等。老师希望家长能够多抽点时间陪孩子一起学习。这让可可的爸爸感到惭愧，这些日子他一边忙着公司新品推广的事，一边忙着参加培训班，每天早出晚归，搞得自己忙忙碌碌，确定忽略了对孩子的关心。

那天回家后，爸爸放下了手头的工作，陪着可可一起做作业，和可可一起做游戏，在可可的脸上，爸爸看到了幸福的微笑。那天晚上，爸爸给自己定下了一条“铁的纪律”——每天下午四点半准时接孩子。

有一些爸爸只关注孩子的学习成绩和物质生活，根本不关心孩子心里在想什么，还有不少爸爸以“工作忙，没有时间去管他”这样的借口而忽略了孩子。

近年来，一些有关爸爸的调查数据让人担忧：五成父亲很少陪孩子；三成父亲与家人共餐的次数每天不到一次；七成的孩子上学、放学都是由妈妈或保姆来接送；五成的孩子在家大部分时间是跟妈妈或祖父母一起度过；两成左右的孩子几乎一天到晚都见不到爸爸。

有专家呼吁，孩子缺失父爱已经成了中国家庭教育的巨大隐患。他们希望爸爸无论多忙，每天都要抽出时间陪孩子，倾听他们的苦恼，分享他们的快乐，陪他们玩耍，在交流中进行适时的教育。

会玩的爸爸来支招：

教育孩子不是妈妈一个人的责任，身为爸爸，更应该积极主动地抽出时间来陪伴孩子、关心孩子、教育孩子。这样才不会导致孩子缺少父爱，才不会使爸爸和孩子之间的感情出现问题。

必要的装备：

爸爸要抽时间多陪孩子，和孩子谈谈心，尽量抽出时间接孩子放学。

让游戏更尽兴：

爸爸接送孩子的时候要事先安排好自己的时间，不要去接孩子的同时还不断处理公事，这样很容易让孩子觉得爸爸并不是真的想跟自己沟通。爸爸要让孩子真正感到自己的爱心。

每年和孩子策划实施一次出游

《爸爸去哪儿》这个节目就是由爸爸带着孩子出游，从开始爸爸们的手忙脚乱和孩子们的不适应，到后来孩子们都能配合爸爸去完成任务，爸爸们照顾孩子的本领也越来越强。几期节目下来，我们看到了爸爸和孩子们的成长，也看到了爸爸和孩子们的关系不断亲近。那么在现实生活中，爸爸们是不是也可以上演《爸爸去哪儿》呢?

欣欣爸爸的单位组织去云南旅游，爸爸带着欣欣一起去了。在云南的几天，欣欣参观了少数民族的寨子，还领略了云南非常漂亮的自然风光。在丽江和香格里拉，欣欣玩得都很高兴。

欣欣回家后就和爸爸商量能不能再去趟内蒙古，在那里可以骑马，可以体验体验牧民的生活。爸爸见孩子很向往，就和欣欣商量说：“你这个想法很好，但是，咱们出去要花很多钱。如果你能考出优异的成绩拿到奖学金，咱们就可以去啦。”欣欣同意了爸爸的提议，从此以后她学习更刻苦了，终于考了年级前三名，拿到了奖学金。爸爸很高兴地履行了当初的诺言，父女俩在内蒙古玩得很高兴。爸爸和欣欣的关系更好了。

带孩子来一次长途旅行，绝对不同于夫妻二人外出旅行。作为父亲，你必须考虑到你们还有一个“小伙伴”同行，你也一定希望旅行能够顺利，并能给你的孩子带来更多快乐的体验。

长途旅行，对于成人来说是一个缓解情绪、释放压力的好方式，对于孩子来说也是一个很新鲜的体验，而且还可以培养孩子适应新环境的能力。当孩子进入一个陌生的环境中，他能否尽快适应环境，是对孩子的考验。所以，建议爸爸每年带孩子来一次长途旅行，让孩子看看外面的世界，增长一下见识。

会玩的爸爸来支招：

带孩子长途旅行需要考虑一些问题。

（1）确定是随旅游团出行，还是自己开车出行。随团旅游的优势是吃住比较省心，缺点是不够自由。开车出行比较自由，但可能比较辛苦，许多事情你都必须操心。两者各有利弊，你需要根据自己的实际情况做出选择。

（2）选择合适的目的地。你首先要想到一个适合孩子的目的地，比如，海滨、自然风景区等，这样孩子玩得开心，你也就省心了。选择目的地时要注意：不要去环境嘈杂、拥挤、过于刺激的地方，也不要带孩子去过分幽静的地方。要考虑下榻的宾馆、饭店是否可以让孩子和父母同住，以及是否为孩子提供免费用餐服务，等等。

（3）行程计划要根据实际情况灵活变通。如果孩子感到疲劳，你应该放慢行程，沿途可以停下来休息。比如，允许孩子选择待在宾馆里的游泳池中玩一天；如果孩子觉得长时间坐车没意思，你可以和他下车跑跑跳跳，玩会儿皮球。总之，不必急着赶路，旅行的乐趣不只是为了到达目的地，享受沿途的风景、享受整个过程才是最重要的。

（4）为孩子带上足够的水、小食品和玩具。这是提高孩子旅行兴趣的好办法。事先不要让孩子知道你给他带了小玩意或零食，等你们停下来休息的时候，“变”出一个孩子心爱的小玩具，这会让他激动不已；当孩子肚子饿了、嘴馋了，或是有些不高兴时，你再“变”一包孩子爱吃的零食，孩子也许就会立刻兴奋起来。

（5）注意安全，防止孩子过分调皮遭遇意外伤害或走失。在有山有水的地方，一定要关注孩子的行动，不能疏忽大意。如果你们去人多的地方，不妨让孩子穿一件颜色鲜艳的外衣，并在孩子的衣服和背包里放一些零钱和一张卡片，卡片上面写上孩子的名字和父母的联系方式，并告诉孩子怎样保护自己，怎样向他人寻求帮助。

必要的装备：

爸爸带孩子旅行，要事先了解目的地的气候，然后给孩子带上合适的衣服，还要带一些常用的药品。爸爸事先还要和孩子定好规矩，比如，不能乱跑，要和爸爸一起行动等。相信爸爸努力了以后，一定能够让孩子适应旅途生活。

让游戏更尽兴：

多鼓励孩子。在长途旅行的过程中，应该多肯定孩子的表现，给孩子鼓励和赞扬，这样孩子会更加配合。千万不要见孩子不听话就对孩子发脾气，那样你和孩子都会玩得不开心。

和孩子一起去买衣服

《爸爸去哪儿》节目开始几集，老爸们不会给孩子搭配衣服。田亮在灵水村给Cindy穿的厚的打底裤，想想就很热。不管爸爸们会不会买衣服，平时都要懂点穿衣打扮的常识。那么，不妨从陪孩子买衣服开始。

小齐平常很少有时间陪女儿，女儿的饮食起居全权由妻子打理，每当回家看到女儿熟睡的样子，他就会觉得亏欠女儿。终于在一个周末，小齐放弃了加班，牵着女儿的小手一路欢声笑语去买衣服。

那天，小齐把挑选衣服的决定权交给了女儿，他只做女儿的“军师”，给女儿提供建议。女儿很高兴爸爸能这样理解她，要知道女儿平时和妈妈出门买衣服，都是妈妈一人说了算，自己相中的妈妈经常不同意买。

可是这次不同了，女儿按照自己的意愿买了漂亮的帽子、可爱的发饰、粉红色的小裙子、洁白的短袖衫，这些可爱的服饰把女儿装扮得焕然一新。女儿从镜子里看到自己，高兴地问小齐："爸爸，我真漂亮，是吗？"看到女儿幸福的微笑，小齐感到温情无限。

一般情况下，总是妈妈陪孩子买衣服，但是妈妈容易代替孩子的意见，买什么衣服都自己做主，孩子只能充当试穿的角色，没有发言的机会。而爸爸则更喜欢放权，如此更受孩子欢迎。

陪孩子买衣服，让孩子接触陌生人，有助于培养其交际能力。因为有爸爸的陪同，孩子的胆量会更大，更有勇气表达自己的想法。爸爸让孩子选择自己想要的衣服，意味着给孩子做主的机会，是信任孩子的表现，这对孩子来说也是一个考验，会使孩子自信心大增。

会玩的爸爸来支招：

带孩子外出买衣服，要尽量把选购衣服的决定权交给孩子，这样孩子的积极性和热情才能被极大地激发出来，并且也是培养孩子审美观和提高决策能力的好机会。

必要的装备：

爸爸事先要了解孩子缺什么衣服，然后就是准备好钱，和孩子一起出门选购了。

让游戏更尽兴：

业内人士表示，在孩子选购衣服的时候，爸爸应该考虑这样几个问题：

第一，看是否有“不可干洗”标识。

第二，应该选购带有纽扣而不是拉链的裤子。

第三，检查衣服的金属附件有没有孩子可以摸到的毛刺、边缘尖端是否尖锐、拉链的拉头是否可脱卸。

第四，最好不要选择经特殊整理的服装，比如经过免烫整理和柔软整理的服装，因为这类服装，很可能甲醛含量较高。

爸爸和孩子早晨一起出去走走

在孩子强烈的要求下，冯军放弃了星期六早晨的懒觉，决定带孩子出门走走。

清晨，冯军和女儿沿着西湖边的人行道一路闲逛，欣赏西湖的水及湖边的花草。看着清晨慢跑的人们，冯军突然觉得这是一种难得的享受，比缩在被子里睡懒觉舒服多了。在西湖边，他们看到练舞蹈的大爷大妈，女儿禁不住跟着大家一起跳起舞来。那些大爷大妈都乐呵呵地教她，他们的热情让冯军和女儿感到很温暖。

湖边的凉风吹在脸上，给人一种清新脱俗的感觉，这让冯军感觉精神焕发。之后，他们继续围着西湖闲逛，在湖边的一处花店，女儿看到老板正在插花，就兴趣盎然地跟着老板学插花……

不论你是在室内散步，还是在户外快步行走，都能使你的压力得到释放。但是户外散步相对会更加有效，因为你在外面可以接触到自然世界。不论你行走在城市的人行道上，还是漫步在公园的小河边，待在户外都能让你和自然界更加亲近。如果你能经常带着孩子到户外走走，做做运动，那绝对是一种幸福、快乐、健康的体验。

户外活动可以让你和孩子呼吸到新鲜空气，这非常有利于身心健康。一位每日在户外散步的老人说："大自然不像我们从车窗中看见的那样不可捉摸。我能看见事物是如何一天天改变的。每年在花朵开放时，我都会去看它们。"即使身居繁华的都市，如果时常带孩子到户外看花儿绽放，听鸟儿鸣叫，那么你们也会感受到大自然和自己是那么亲近。

户外运动的好处很多。一是看风景。暂时离开高楼大厦，步入大自然的怀抱，看到的是蓝天白云、青山绿水，一眼望去，一片生机盎然的景象。二是健身。户外运动是一项特殊的运动，也是一种集运动与赏景于一体的健身方式。三是放松心情。户外运动可以让孩子缓解学习压力、忘记烦恼，同时你也可以放松心情，开阔胸襟。

会玩的爸爸来支招：

春秋季节气候宜人，当你陪孩子到户外活动时，最好选择去公园、水边等空旷的场所。

在寒冷的冬季，许多爸爸担心孩子外出会冻着，导致生病。事实恰好相反，经常到户外活动的孩子往往身体很棒。这是因为当孩子接触寒冷空气时，孩子的皮肤能自然地适应气温变化，其他各个器官的功能也会变得强壮，从而增加孩子抵抗寒冷、疾病的能力。

如果你希望孩子能够适应冬季的寒冷，降低发病率，则需要从秋季开始坚持带孩子到户外活动。天气好时，可以在户外多玩一些时间；反之，在外面呼吸一下新鲜空气即可。但是，一定要坚持每天和孩子走出家门，这样就可以自然地过渡到寒冷的冬季。

户外活动并不是枯燥无味的。在这个过程中，你可以给孩子讲解所见所闻，引导孩子观察、认识事物及锻炼孩子与他人交往的能力。

必要的装备：

一般来说，孩子的年龄不同，户外活动的内容也有不同。比如可让3~4岁的孩子做一些模仿性的动作，如青虫爬、小兔跳、举重、打气等，也可以和孩子做些游戏，如玩皮球、走平衡、追逐跑等。可让5~6岁的孩子做一些活动量较大的游戏。比如荡秋千、玩转椅、攀登架、跳绳、跳皮筋等。

让游戏更尽兴：

带孩子进行户外活动还要注意这样几点：要恰当安排孩子的活动量，运动量不宜过大，否则会给孩子造成疲劳感；还要为孩子准备合适的衣服，鞋子以软底鞋为宜，以免妨碍活动；孩子生活经验不足，又好奇、好动，往往会做出一些冒险的动作，这就需要你给孩子关心和指导；户外活动的场地要平整、干净、宽敞、松软，以免发生事故。

饭后的时间很宝贵，和孩子一起散步

《爸爸去哪儿》中的五位老爸，一直在说平时工作太忙，没有时间陪孩子。我相信这也是生活中很多爸爸的口头语。其实，陪伴孩子，真的就那么难吗？每天吃完饭以后少看会儿电视，少玩会儿电脑，和孩子一起出门走走，岂不是更好？

有位父亲，他的儿子正在上小学。每天晚饭后，父亲都会带着儿子沿着小区的街道闲逛，他们看到好玩的店铺就进去看看。父亲鼓励儿子主动向店主询问一些商品的价钱以及用途，不仅使孩子的口才和胆量得到了锻炼，而且孩子还可以学到更多的知识。他们出了一个店又进了一个店，一路上有说有笑。

有时候，父亲还会和孩子比赛快步行走。儿子的步幅小，但是频率快，父亲的步幅大，但是频率慢，他们各有优劣。他们父子俩每天都能够玩得快乐无比。

古人云：“饭后百步走，活到九十九。”这句话对饭后散步的好处做出了充分的肯定。总结出来，有以下几方面：

（1）增进与家人之间的感情。在散步中聊天、拉家常可以使你与家人之间有更深的了解。

（2）有助于消化。饭后如果马上坐下来或躺在床上容易导致消化不良。

（3）具有减肥的功效。运动是最好的减肥方法，而散步就是最好的运动之一。

（4）有助于改掉不良的习惯。如果孩子吃完饭就看电视，会使孩子的眼睛疲劳过度。

如果没有饭后陪孩子散步的经历，你很难体会到那种舒服的感觉以及内心涌动的幸福感。散步的好处有很多，美国著名医学博士弗勒先生发现，每天10分钟快步行走，不但对身体健康有极大的裨益，且能够使消沉的意志一扫而光。

散步，其意义在于散心。饭后和孩子外出走走，让孩子知道什么叫闲庭信步、悠然自得，同时，这也是孩子向你倾诉烦恼、分享快乐的好机会。散步还可以使大脑皮层的兴奋、抑制和调节过程得到改善，从而收到消除疲劳、放松、镇静、清醒头脑的效果。所以，建议爸爸们通过带着孩子散步来调节精神。散步可以将全身大部分肌肉骨骼动员起来，从而使人体的代谢活动增强、肌肉发达、血流通畅，进而减少患动脉硬化的概率。

会玩的爸爸来支招：

田田和爸爸散步的时候，忽而行走，忽而奔跑，蹦蹦跳跳，其乐无穷。田田不仅喜欢“指点江山”，还不时“激扬文字”，问街上大大小小的汉字，问爸爸“那是什么”，伍先生自然乐意为他答疑解惑。然后，他会念着汉字的发音，念到个别比较好玩的发音时，田田会嘻嘻哈哈地笑个不停。当碰到好玩的东西时，田田便驻足观看，极大地满足了他的好奇心。

身为父亲，如果能带着孩子在饭后沿着小区的街道慢慢踱步、慢慢地聊天，那将收获多么温馨的感觉。

必要的装备：

晚饭不要吃得太多，只要不饿就可以了。和孩子散步的时候要注意安全，尽量选择在机动车少的地方进行，以免发生危险。

让游戏更尽兴：

你还可以和孩子比赛快步行走，这能很好地放松身心，特别是当你感到情绪低落时，不妨快步走上十几分钟，很快就可以使心情轻松、愉快、平静，减少忧虑，感到自己充满活力。医学专家研究表明：长期徒步行走上班的人，神经衰弱、心血管疾病、血栓性疾病和慢性运动系统疾病的发病率会明显低于不爱散步、行走的人。而且，每天散步30分钟，工作效率会明显提高。因此，散步对于很少有时间锻炼身体的爸爸们而言，真可谓一件好事。

每个月和孩子一起看场电影

吕新的女儿今年8岁多了，最喜欢看动画片。一天，吕新在女儿的要求下，带她去看《海底总动员》。刚到电影院门口，女儿就着急地催了："爸爸，快点儿，快点儿走，电影快开始了。"吕新排队买了两张电影票，就和女儿一起进去看电影了。

这部片子很好看，内容大致是：有条小鱼，它爸爸很爱它，细心地保护着它。一次，它好奇地游向一条渔船，被捕到了船上。它爸爸为了找它，遇到了各种各样的危险，而它也在为有一天找到爸爸而努力。终于，历尽苦难，它们再次相见了。吕新的女儿看着看着，小眼睛就冒出了晶莹的泪水，趴在吕新的怀里说："爸爸，我知道你会像小鱼的爸爸这样保护我，我也会这样保护你的。"吕新听了女儿的话，忍不住使劲地亲了亲女儿可爱的小脸庞。

和孩子一起看电影，可帮助孩子形成正确的人生观。因为在爸爸与孩子交流的过程中，能够让孩子更深刻地体会到影片中所体现出来的思想或意义。爸爸们还可以引导孩子写观后感，这样能锻炼他的逻辑思维，不自觉中还可能会有新的生活心得。

在选择影片的时候，要先和孩子进行沟通交流，尊重孩子的愿望，看他想了解生活中的哪些方面。在观看时爸爸要给孩子进行必要的指导，让孩子受到正面教育。电影不仅仅是一个消遣的活动，更是在学习责任与爱心。适合孩子的电影不仅讲述着孩子们喜欢的故事，更能在潜移默化中，帮助孩子们了解真实的生活。

观赏优秀的影片是教育儿童的一个很好的方法。爸爸们若能在百忙中抽出时间，为孩子挑几部合适的影片，到电影院去看，很容易培养彼此之间的感情，让孩子找到属于自己的童趣。当然，还会明白很多的人生道理，有利于孩子智商的提高。比如，励志片可以鼓励孩子追求美好的生活；英文片可以帮助孩子学习英文、记单词，培养孩子的语感。

会玩的爸爸来支招：

和孩子一起看电影的时候，爸爸要选择适合儿童年龄特征的影片。因为不同年龄孩子的心理特征是不同的。比如，年龄小的孩子爱看动画片、童话片、神话片和儿童故事片；年龄稍大的孩子则爱看科幻片、科教片、战斗片和故事情节曲折复杂的影片。

必要的装备：

和孩子一起看电影的时候，爸爸们最好能先把影片的故事内容大致地给孩子讲一下，便于他理解故事情节。否则，他会看电影时提出问题，不仅影响自己集中注意力看，也影响别人。

由于孩子分辨是非的能力还不是很高，电影中一些反面人物伪装善良的言行和正面人物不拘小节、貌似可笑的言行，都会引起孩子极大的困惑。爸爸要适时给予指点，这样不仅能帮助孩子看懂电影，还能让孩子认识真善美。

让游戏更尽兴：

在电影散场回家的路上，爸爸们可以和孩子一起重温影片内容，讨论影片中人物的言行举止，分析影片中的人物哪些地方做得对，哪些地方做得不对，等等。这样做可以发展孩子的记忆能力和思维能力。

当然，和孩子一起看电影有很多好处。但也要适度，不能看太多。看太多电影会耽误孩子学习、休息和游戏的时间。孩子看电影最好选在休息日，每周不超过 1 次。

在游戏中拉近彼此的关系，和孩子一起玩水

《爸爸去哪儿》中，爸爸和孩子们在鸡鸣岛的海边愉

快地玩水，一起抓鱼、挖螃蟹，这些是不是都很有趣呢？有空的时候多带孩子玩玩水。每个孩子都喜欢由爸爸陪着玩水。

婷婷出生在乡村的普通人家，家门口有一条小溪。每当春夏季节，爸爸总会带着婷婷来到溪边玩水。他们一人拿一个塑料杯子，把水舀起来，再把水倒到岸边的花草上。有时候婷婷会直接把水往爸爸身上浇，爸爸丝毫不会生气，也会把水往婷婷脚上浇，父女俩玩得不亦乐乎。

有时候，爸爸还会让婷婷把小伙伴叫来，然后分组玩打水仗的游戏。水枪都是爸爸为孩子们制作的。大家喊着响亮的口号，兴奋地你射我躲。爸爸还会让孩子们比一比，看谁射得高、射得远。虽然每次玩完后，孩子们身上都湿淋淋的，但是大家丝毫不在意，脸上挂满了灿烂的笑容。

水对于孩子来说，是一种既便宜又方便获取的玩具。玩水是孩子的天性，即使爸爸不教孩子，孩子在接触水的时候也会不由自主玩几下。有的孩子喜欢在洗手的时候把水捧住；有的孩子喜欢用手拍水。看到水花四溅，孩子都会乐呵呵的。总之，水是一种友善的玩具，既清洁又有柔性。

古希腊哲学家曾说，水是万物之源。现代儿童心理学家说，水和孩子之间有着不可分割的紧密联系。可是很多爸爸并没有意识到这一点，当他们看到孩子在河边玩水时，会惊恐地吼道：“你不想活了？”这样做只会让孩子对水产生恐惧感。

其实，孩子爱玩水不是坏毛病，孩子玩水是聪明的表现。从科学的角度讲，喜欢通过自己的感官感知这个世界的孩子求知欲很强。孩子喜欢玩水，爸爸可以在卫生间里给他创造一个玩水环境。通常爸爸越是限制孩子，孩子就会越想玩，这就需要爸爸改变教育方式，用正确的做法引导孩子。

会玩的爸爸来支招：

爸爸可以和孩子玩这些游戏：

（1）让孩子用不同大小、不同形状的器具舀水、盛水，还可以把不同材质的物体放在水里，让孩子了解哪种质地的物体能浮在水面上，哪种质地的会沉下去，让孩子对浮力有个感性的认识。

（2）把水分别放在各种器皿中，再让孩子敲击器皿，看看同样的器皿，水量不同，发出的声音有什么不同；不同的器皿声音又是怎样的，可否弄出递增或递减的音阶。

（3）装满一杯水，然后用一片硬纸盖住这满杯水，不要留空气，扶住硬纸并把杯子倒过来，放开手，孩子会惊奇地发现，水被硬纸托住了，不会流出来。当你示范后，可以让孩子跟着做，同时告诉孩子水不会流下的原理。

（4）还可以做模拟水管的游戏。用两个盆，其中一个盆装上水，放在高处，另一个放在低处，用一根导管连接两个盆，在导管底端用力吸一口气，把水从高处的盆里引到低处的盆里，然后让孩子在流动的水中玩游戏。

必要的装备：

水，玩水的道具。最好多准备一些器皿，让孩子能够充分发挥想象力。

让游戏更尽兴：

带孩子玩水的时候，爸爸一定要看好孩子，不能离开孩子，以免发生危险。

有位美国爸爸说，一次他在后院里搁了一个塑料游泳盆，并放了5厘米高的水，让不到两岁的女儿在里面玩。因为水浅，他觉得即使女儿跌倒在盆子里也不会有什么危险，所以他悠闲地逛到客厅，喝了杯饮料，同时每隔两三分钟看一下女儿。看第一次时觉得没有什么异样，当他再次看女儿的时候，发现女儿已经跌倒了。就这短短的两分钟时间里，女儿已经被灌了很多水！还好发现及时，没有酿成惨剧。这次可怕的经历给所有父亲提了个醒，玩水的时候一定要时刻陪着孩子。

无论是带孩子到海边、河边、小溪边玩水，还是在家里的水盆里玩水，首先要注意孩子的安全，其次不能让孩子长时间玩水，否则容易着凉，引发感冒。

孩子不理解爸爸？给孩子讲讲自己的工作

有一位著名的航天员，他很喜欢跟年幼的孩子讨论自己的工作，让孩子明白自己工作的意义。在2003年2月1日，哥伦比亚号即将返回的时候，他和儿子都在家。虽然他的儿子太小，还无法真正理解自己事业的意义，但是他还是早早地把儿子叫醒，让他观察哥伦比亚号返回地球的电视直播，让他了解他的工作和航天事业。

这位航天员在谈到教育孩子时说："伴随着孩子的成长，我不断让他们了解我的工作，我要让孩子知道，我的工作对全人类来说都是异常重要、意义深远的，我的事业可以让世界变得更加美好，我对自己的工作充满信心。"

他还表示，在过去的几年，他不断向孩子讲述自己工作的细节，通过多次的沟通，孩子知道了爸爸工作的意义，并为爸爸的工作感到自豪。

有人问一个孩子："你爸爸是做什么工作的？"那个孩子茫然地摇摇头："我不知道，我只知道他每天回家很晚，开着车在外面，说是陪朋友吃饭、谈生意……"是的，现在很多爸爸的确很忙，但花点时间陪陪孩子，和孩子谈谈自己的工作细节，谈谈自己工作中的酸甜苦辣，聊聊成功的幸福体验，对孩子的成长以及了解父亲都是很有帮助的。

因为孩子将来要走向社会。如果父母只给孩子童话书、零花钱，却不对孩子讲述自己对事物、对工作的信念、做法、感悟与体会，那孩子就像生活在一个虚幻的、极不真实的世界里。这样的孩子是难以适应社会的。

和孩子谈论自己的工作，可以让孩子知道父母辛勤工作是为了给家里挣钱，那么孩子就会把金钱与工作紧密地联系起来。孩子们到了上学的年龄，父母就可以把自己如何靠努力工作来谋生、如何创造属于自己的事业的道理讲给孩子听了，这样有利于培养孩子的节俭习惯。

会玩的爸爸来支招：

孩子们都很好奇，对爸爸的工作非常感兴趣。同孩子聊聊你的工作，让孩子对你所做的工作有所了解，会使你和孩子的亲情更加浓厚。让孩子了解爸爸的工作责任、遇到的难题、工作的规律和安排，便于孩子全面认识工作。当你克服种种困难完成一项任务满面笑容地回到家时，你可以把胜利的喜悦和孩子一起分享，这是父子交流很好的机会。

必要的装备：

爸爸首先要觉得自己的工作很了不起、很伟大，然后要找到工作中的闪光点，深入浅出地讲给孩子听。有机会也可以把工作中的难题讲给孩子听，让孩子和自己一起解决难题。如果能坚持下去，我相信，到孩子工作以后，遇到了难题他也会主动和爸爸谈，向爸爸寻求帮助的。

让游戏更尽兴：

很多孩子觉得爸爸的工作一点都不累，或者觉得爸爸就应该工作，而没有意识到爸爸努力工作是为了给孩子提供更好的生活条件。为了让孩子能够明白生活的艰辛，爸爸应该给孩子多讲讲自己工作中的不容易，也要跟孩子讲讲自己工作中的努力。

有个爸爸是一个股票操盘手，他每天都管理着很多账户，孩子见爸爸每天就工作几个小时，收入也很不错，就有点不珍惜金钱了，总是和同学们攀比。爸爸知道以后，就把自己几年来的交易记录都拿出来给孩子看了，孩子看见爸爸的交易记录，非常厚的一摞，里边每一笔交易记录下边，都有爸爸当时的心得体会，厚厚的一摞交易记录已经被爸爸写的密密麻麻的了。很多时间长点的记录都被爸爸翻的很旧了。看到爸爸的这些记录，他终于明白爸爸的成功也是努力的结果，今天的成绩都是原来付出换来的。知道了爸爸的这些辛苦，这个孩子再也不乱花钱了。

爸爸不了解孩子？爸爸和孩子的朋友交朋友

《爸爸去哪儿》节目中，几个孩子能很快地打成一片，是因为这些孩子的爸爸会带着孩子和别的孩子一起玩。如果爸爸们平时能和孩子的朋友交朋友，就能帮助孩子扩大朋友圈，让孩子更受欢迎。

赵亮的爸爸是一个充满孩子气的人，他长得和善，是个马虎人，不注重穿着。他和赵亮有着同一群玩伴，那些孩子喜欢和赵亮的爸爸开玩笑，互相扔小石头玩耍，还给他起了很多绰号。赵亮的爸爸一点都不生气，还陪小孩子一起玩得非常开心。奶奶骂赵亮的爸爸是“孩子王”，就这样“孩子王”的绰号慢慢在村子里传开了。

有一次，赵亮的妈妈在院子里晒了好多鲫鱼，邻居家的毛毛对赵亮的爸爸说：“我家的猫病了，想吃鱼。”赵亮的爸爸大方地说：“你随便拿吧。”谁知调皮的毛毛居然拿了一大半回去。赵亮的爸爸一点也不气恼，悄悄到毛毛家去寻找。等赵亮的妈妈下地回来，在隔壁毛毛家找到赵亮的爸爸时，他正和毛毛蹲在厨房吃油炸鲫鱼呢！

赵亮的爸爸每年出远门做生意，回家时总要买很多零食。不仅是买给赵亮的，左邻右舍的孩子们只要来赵亮家，爸爸都要给他们每人分一份，并会和孩子一起说笑话，给孩子们讲外面的故事。有时候孩子们新学会了某种游戏，总是要赵亮爸爸参与，而他也从不推辞。有一次，赵亮的爸爸学小孩子骑车不扶把手，结果摔到门口的小河沟里，车摔坏了不说，还弄得满身污泥，到处是伤痕。回到家还和妻子争辩说，其实自己车技很好，只不过大意了而已。

试着做个“孩子王”，你会发现自己和孩子其实有很多共同语言，你会逐渐找回自己当年的童真，你会越活越年轻。

爱玩爱闹的父亲用爽朗的笑容吸引了孩子，虽然他也有沉重的家庭担子，但是这丝毫不影响他整天乐哈哈地和小孩子一起玩耍、嬉闹，这种乐观爽朗的生活态度足以影响孩子，让孩子学会坚强、积极和乐观。

会玩的爸爸来支招：

有空的时候经常和孩子打交道，比如，看到一群孩子在一起玩，你主动走近他们，然后寻找机会加入他们的游戏；当你有好玩的或好吃的，主动分享给左邻右舍的孩子，让大家感受到你的友好；当孩子们遇到了困难，你要尽力帮助他们。这样孩子们很快就会认可你，走在路上看到你会主动跟你打招呼，有好玩的事情会告诉你。

生活中，能言善辩、总有讲不完的奇闻逸事的人总能受到孩子们的拥戴，因为孩子们都想多听几个故事，甚至不惜用零食和玩具来犒劳他。如果你多准备几个故事，在和孩子相处的过程中讲给孩子听，就会赢得孩子的好感。

必要的装备：

先认识孩子的朋友们，了解一些孩子们的基本信息，然后自己也找到合适的方式参与到孩子们中间来。

让游戏更尽兴：

作为父亲，放下自己的架子，怀有一颗童心与孩子打交道，才会让孩子觉得爸爸有亲和力。同时，爸爸也可以从孩子身上感受到那种童真的快乐，这也是调节疲惫身心的一剂良药。

Part 11.

孩子不会使用钱？让孩子认识金钱的本质

让孩子去市场参与购物

《爸爸去哪儿》节目中，在宁夏沙坡头，王岳伦买西红柿讨价还价的画面堪称经典。这个老爸带着娃逛市场的时候把精力都放在照顾女儿安吉拉上，让这个迷迷糊糊的老爸看起来更加可爱。如果爸爸们平时有时间带孩子去逛逛市场、超市，一定会增加亲子之间的亲密度。

儿童节这一天，石冲要带着6岁的儿子去当地一家商场购物。这是孩子盼望已久的事情。因为在此活动之前，石冲就告诉孩子："你的节日就要来到了。到了节日那一天，爸爸带你到超市去，在超市里庆祝你的节日。"

这一天终于到来了。一大早，儿子就起床了，妈妈帮他穿上漂亮的衣服，在爸爸的带领下，来到超市。孩子提着一个购物篮，看他认真购物的样子，还真像个家庭小主人呢。听，他还在轻声嘟囔呢："买点什么呢？钱带够了吗？问问售货员阿姨吧！""来，买点牛奶吧！""给妈妈买个礼物吧！"……在购物之前，爸爸给了儿子50元钱，告诉他要自己计划、自己选择。不一会儿，孩子就选到了自己最喜欢的商品。

本来爸爸还在担心，超市里的人这么多，会不会不安全呢？可孩子化解了爸爸的担忧，看到孩子购物的时候始终跟随在爸爸的身后，没有乱跑和大声喧哗，爸爸突然觉得，孩子长大了、懂事了。

大部分家长都有带孩子购物的经历，比如逛商场、菜市场、超市或庙会等。这些热闹的地方，其实就是现成的早教园地。对孩子来说，那里既是欢乐的海洋，又是知识的大宝库，父母可以随时利用购物的环境和孩子来一次认知和游戏的旅行，让孩子乐在其中。

带孩子去超市购物可以让孩子在琳琅满目的商品世界里徜徉，让孩子接触更多的商品，了解商品的价格，懂得金钱的用途。在购物的过程中，爸爸还能不断给孩子灌输理财意识，让孩子学会巧妙地花钱。这对培养孩子的科学消费意识很有帮助，有助于孩子树立正确的消费观。

会玩的爸爸来支招：

根据孩子年龄的不同，教孩子相应的购物知识。

1. 对于2~3岁的孩子，爸爸可以教他认识物品

由于孩子年龄比较小，爸爸可以把他放在购物车里，一边挑选商品，一边教他认识各种各样的物品。如果孩子对某种物品特别感兴趣，爸爸可以给孩子进行详细的解释，有必要的话，也可以买下来，还可以问孩子喜欢什么样的物品。选择完某样物品之后，可以交给孩子，让他把物品放到购物篮里，让他熟悉购买东西的过程。

2. 对于3~4岁的孩子，爸爸可以教他认识分类

商场里，不同的物品摆放在不同的地方。爸爸可以教孩

子认识物品的分类，比如吃的东西放在什么地方；穿的放在什么地方；想买蔬菜去什么地方；想买海鲜去什么地方，等等。这样可以帮助孩子初步建立空间的概念。

还可以让孩子找物品。比如对孩子说：“我们来玩个找苹果的游戏，好不好？想想看，苹果属于什么类呢？是吃的，用的，还是穿的呢？”让孩子通过思考来回答这个问题，然后和他一起去找苹果的位置。

这种游戏可以帮助孩子形成物品分类的观念，并让他学会思考。如果在这个过程中，孩子表现不是很好，爸爸不要取笑他，要尽量多鼓励他，直到帮助他找到物品的正确位置。这个过程会大大提升孩子的自主性。

3. 对于4~5岁的孩子，爸爸可以教他认识价格

在教孩子认识各种物品的基础上，顺便教孩子认识标签上的价格。当你和孩子一起寻找到所要买的物品时，时不时地问他：“可不可以告诉爸爸，这件商品多少钱呢？”让他说出价格。

认识了价格之后，还可以教孩子比较价格。如果孩子能顺利地说出价格，你可以让他比较几个同类的物品，看看哪个价格最便宜，哪个最贵。比如爸爸可以问他：“你帮爸爸看看下面这3种饼干，哪种最便宜，哪种最贵好吗？”这样可以让孩子学会比较数字之间的大小。

4. 对于5~6岁的孩子，爸爸可以让他做个小顾客

带5~6岁的孩子去超市，可以给他分配一项任务。比如给

他10块钱，让他独自去购物。让孩子根据自己的意愿选择买什么，买多少，选择品牌。等他决定了以后，再陪他一起去结账。在整个过程中，孩子不仅可以学会思考、分析问题，解决问题，还可以提升数学逻辑、空间感和与人沟通的能力。

必要的装备：

爸爸要有十足的耐心，要准备好回答孩子的各种问题。

让游戏更尽兴：

和孩子一起去购物是一件让人高兴的事，可是如果爸爸处理不当，好事也可能变成坏事。试想一下在人来人往的人群中，如果你的孩子走丢了，或者你的孩子在地上大哭大闹，就会让你手忙脚乱。因此，爸爸应该注意孩子的安全，照看好孩子。

钱到底是什么？和孩子讨论金钱的本质

《爸爸去哪儿》节目中，孩子们在雪乡小卖铺当小老板的那一段很有趣。孩子们对买卖和钱的认识决定了他们能否完成任务。其中石头的表现特别好。石头很清楚，买卖就是钱和实物的交易，这让郭涛不禁感叹孩子是个讲原则的孩子。平时，爸爸们有空就要和孩子讨论一下金钱到底是什么，让孩子对金钱建立正确的认识。

谢芳芳出生在一个富裕的家庭，爸爸很早就和妈妈商量：“为了使优越的家境不影响女儿的成长，我们要对她实施经济管制。”从小到大，除了买书籍等学习资料，爸爸从来没给过谢芳芳多余的钱。

3岁时，有一次谢芳芳无意间发现家里的柜子里有许多百元钞票，于是好奇地问爸爸：“这么多钱干什么用啊？”爸爸紧张地不知道说什么，于是强作镇定说：“你还小，别问这么多，这是大人的事。”随后，爸爸赶紧把钱锁好。可是，等爸爸一走，谢芳芳还是好奇地盯着柜子看了很久。

谢芳芳渐渐长大，发现别的小朋友都有零花钱，可自己却没有，于是，她向爸爸要零花钱。谁知，爸爸一听，脸色一变说：“你要钱做什么？小孩子不要总想着钱，你想要什么就告诉爸爸，爸爸会给你买的。”谢芳芳嘟囔着说：“别的小朋友都有零花钱。”爸爸想了想说：“坏孩子才会有零花钱，你是好孩子，不需要零花钱。”从此以后，爸爸把家里的钱全部锁得严严实实的，不让女儿接触它们。

实际上，这样做并不利于孩子的成长。六七岁是儿童对金钱的一个敏感期，他们关注父母有多少钱，能买多少东西。家长应该借此机会，让孩子树立对金钱的正确认识。就算父母对金钱避而不谈，孩子也不会停止探索，这样孩子就有可能接触到不正确的金钱观，就容易走偏。长大以后，孩子的理财能力就可能有所欠缺，甚至花钱大手大脚、花钱无计划。

更重要的是，家长回避给孩子谈金钱，会影响孩子长大以后融入社会，别人会觉得他特别清高。他甚至有可能不懂得如何生活，因为从心理学上来说：人是因为欲望而生活的，孩子没有金钱的欲望，就可能对生活缺乏激情。

会玩的爸爸来支招：

孩子3岁时，爸爸应该教孩子辨认硬币和纸币；孩子5岁时，爸爸应该让孩子知道钱是怎么来的，并鼓励孩子拿钱去超市买小件物品；孩子6岁时，爸爸应该教孩子攒钱的技巧；孩子8岁时，爸爸应该鼓励孩子做额外的工作挣钱，并把钱存到储蓄账户里；孩子9岁时，爸爸应教孩子制订每周的开销计划，购物时要学会货比三家；孩子12岁时，爸爸要让他制订并执行两周的开支计划，教会孩子使用银行业务中的术语；孩子13岁至高中毕业这段时间，爸爸可以让孩子尝试进行股票、债券等投资活动。

当孩子发现钱能换来自己想要的东西时，就会对钱产生好奇心。身为父亲，没必要羞于向孩子谈钱。谈钱的时候不要说一些误导孩子的话，这样才能让孩子建立正确的理财观念和金钱观念，孩子长大成人后才能对金钱持有正常的心态，处理好人与金钱的关系。

必要的装备：

有钱或者没钱都不是丢人的事，爸爸首先要自己对钱有个正确的认识，然后找机会给孩子讲讲金钱的本质。

让游戏更尽兴：

当孩子想买某个商品时，有些家长想用“这个我们买不起”来打消孩子购买的念头，其实这样做事不明智的，因为这样说有可能导致孩子自卑。

当孩子问有关钱的问题时，有些家长说：“以后再说。”这会使孩子觉得金钱问题不重要，没有必要重视。

如果爸爸和孩子说“金钱是万恶之源”，很容易使孩子对金钱产生逆反心理。有研究表明，从小接受“金钱是万恶之源”教育的孩子，普遍缺乏管理金钱的基本能力，成年之后很容易陷入各种财务危机。

如果爸爸对孩子说，“有钱人都不是什么好人”，家长说这句话可能是为了对某些富有者发泄不满，会使孩子将金钱与罪恶、丑陋联系在一起，孩子就看不到乐善好施和为富不仁的区别，这无助于培养孩子的理财能力，还会对孩子的成长产生负面影响。

最后要提醒爸爸的是，如果孩子从小接受的教育是对财产状况保密，那么他们将艰难与别人形成彼此信任的关系。强调隐私的同时，也要注意与他人建立互信的关系，这是孩子要学习的一门生活艺术。

什么是做生意？和孩子玩做生意的游戏

《爸爸去哪儿》在云南那一期，爸爸们和孩子们一起去集市上通过卖鱼和藕等东西来换回机场的路费，孩子们的表现都不错。我相信，这段经历，会让孩子们回味无穷。如果爸爸们有时间和孩子们玩玩做生意的游戏，孩子们一定会喜欢的。

晚饭后，徐超在客厅里玩玩具，突然他喊道：“谁要玩具？”喊了几遍，爸爸觉得这是教孩子做生意的机会，便答应了一声：“我要。”但是徐超提出，要买玩具，必须用真钱，见爸爸犹豫了一下，他马上说：“你先给我真钱，一会儿我再还给你。”爸爸一听，心想：“这小家伙还挺会揣摩人的心思，真钱就真钱，培养孩子的交易能力更重要。”

爸爸假装消费者，问：“请问你的玩具卖多少钱呀？”

“100块钱。”也许在徐超的心里，觉得100块钱是一个小数目。

“太贵了，能不能便宜点？”爸爸讨价还价。

“那，那50块吧。”徐超非常爽快，一下子降了一半。

“好，我给你钱。”说着，爸爸从包里掏出一张50元的钞票，徐超将玩具递给了他。

生意做完了，爸爸徐超说：“告诉你吧，好多人都是这样挣钱的。”

徐超颇感兴趣地问：“真的呀？那我会做生意了？”爸爸答道：“是啊，你挺会做生意的。但是真的做生意的时候，你要学会热情友好地对待顾客，尽量以高价卖出你的商品，这样才会赚更多的钱。”徐超似懂非懂地点点头。

从小培养孩子的生意头脑，是很多世界富豪们热衷于去做的事。在他们的孩子小小年纪就会有经商头脑，懂得理财和做生意，这对他们今后在商业竞争中获得胜利很有帮助。我们也有必要借鉴他们的教育思想，从小培养孩子的经商意识。

经商意识和生意头脑不是天生的，而是需要从小培养的。爸爸经常和孩子讨论做生意的话题，可以使孩子的头脑里萌生经商意识，加之父母有意识地引导，可以让孩子逐渐拥有一个生意头脑，这对孩子今后获得财富是很有帮助的。

会玩的爸爸来支招：

告诉孩子几个做生意的原则。

（1）加法原则。加法原则，即在原有产品的基础上，添加一些更具吸引力的因素，使之更有竞争优势，从而促使生意成功。

有位爸爸对孩子说：“手机的主要功能是打电话，但如果给它适当增加一些元素，如上网功能、拍照功能、录像功能等，就使他比其他手机更有竞争力。”说到这里，爸爸告诉孩子："要想把生意做成，就要学会用加法原则。"

（2）减法原则。减法原则，就是将产品中不受消费者欢迎的因素去除，使之更有竞争力。

有次吃烤鸭的时候，爸爸担心孩子吃得太多会发胖，便给孩子假设了一个例子。他说每次吃烤鸭的时候，很多人都会担心脂肪摄入过多会导致发胖，如果这时候利用科技手段，将烤鸭中多余的脂肪去除，保留其原有香味，那么会更受消费者喜爱。孩子一听，这事对自己有利，会非常高兴，也会对减法原则留下深刻的印象。

（3）乘法原则。乘法原则，就是复制自己的成功经验，投入更多的成本或者发动更多的人参与进来。

有位爸爸对孩子说："假如你每卖一只冰棍就能挣1元钱，那么如果你将小区里所有的孩子发动起来，让他们每人来买一只冰棍，你就能挣26元；假如你能将全校的小孩子发动起来买你的冰棍，你就可以挣好几百块钱。那将是一笔不小的收入。"孩子听了特别兴奋，对乘法原则的印象也会非常深刻。

（4）除法原则。除法原则，就是化整为零，让每一个小零件都发挥最大的作用。

在给孩子讲除法原则的时候，有位爸爸举出了一个亲身经历的例子。他说自己以前有一台旧电脑，他想卖掉，可收破烂的却说只给30块钱。后来，他通过动脑筋，把电脑拆开来卖，卖了300多。由于这件事是发生在家里的一件事，因此孩子对此的印象非常深。

这四个原则有必要让孩子学会，因为它们对启发和培养孩子的经商头脑有很大作用。当然了，在和孩子讨论做生意的话题时，还应教育孩子养成优秀的品质，比如诚信、热情、礼貌等。

必要的装备：

爸爸最好想想怎么用最简单、形象的方法给孩子讲做生意是怎么回事。如果爸爸能在日常生活中和孩子模拟一下做生意，对孩子会非常有帮助。

让游戏更尽兴：

教孩子经商、做生意等方面的知识，不必太正式，爸爸只需在和孩子闲谈的时候，告诉孩子一些简单而重要的道理，让孩子认识到做生意其实是一件充满乐趣的事情，让孩子对做生意产生兴趣就可以了。

孩子太浪费，和孩子一起厉行节约

《爸爸去哪儿》节目中，安吉拉吃饭总是能吃得干干净净，无论什么饭菜，她都能高高兴兴地吃下去。我们都知道，安吉拉的家庭条件非常优越，但是，在我们看到她每次都能把饭吃得干干净净的时候，我们是不是更喜欢她了呢？

一天，全家人围坐餐桌旁吃饭。女儿最先吃完，放下碗筷就在餐桌旁边拍篮球玩。

爸爸探头看见女儿的碗里还剩下一小撮米饭，便故意对她说：“你们学前班不是刚学过《悯农》这首诗吗？你背给爸爸妈妈听听，好吗？”

“当然可以啦！”女儿暂停拍球，立正站好，将那首诗流利地背了出来：“锄禾日当午，汗滴禾下土。谁知盘中餐，粒粒皆辛苦。”

“这首诗告诉我们什么道理呢？”

“不知道。”女儿一脸茫然。于是，爸爸抓住教育契机，说：“这首诗告诉我们要节约粮食，不要浪费。因为每一粒米都是农民伯伯用辛勤的劳动和许多汗水换来的，所以我们要学会珍惜，懂吗？”

女儿似懂非懂地点点头，同时又像是突然想到了什么，对爸爸妈妈说：“爸爸妈妈，不是只有农民伯伯辛苦，你们也辛苦呀！那天，我就看见爸爸从街上扛着一袋米回到家，累得满头满脸都是汗水，然后妈妈又忙着给我们一家人煮饭，你们都辛苦。”

女儿反应之快让爸爸妈妈感到愕然。爸爸肯定了女儿的说法，又用手指了指她的饭碗，暗示女儿没有把碗里的饭吃干净。女儿见状马上蹦到桌边，抓起饭碗快速把饭粒吃光，并将空碗朝爸爸妈妈扬了扬，并绽放出得意的笑容。随即，她俯下身子像寻宝似的观察爸爸妈妈座位下的地面，当她发现地上有饭粒时，惊呼起来：“爸爸！您的脚下掉有几颗饭粒，您浪费白米饭啦！”

爸爸忙不迭捡起饭粒，向女儿保证今后一定会注意的。看着女儿天真的小脸蛋，爸爸感到非常欣慰：不必太多的理论，女儿显然已明白了一个做人的道理！

节约并不会令家庭生活产生不便，反而能给家庭生活带来更高的效率，带来更多的健康和乐趣。一滴滴水能汇成大海，一棵棵树能长成森林，一块块砖能盖成高楼。对每个父母而言，和孩子一起做节约标兵，不仅关乎资源和财富的节约，更关系到建立什么样的社会风尚和社会公德。

节约不仅能使孩子懂得珍惜和关爱，更能使孩子意识到社会责任和社会义务，铸就一种健康的生活态度。这种态度会提升孩子的素质，使孩子树立科学的生活观念。

会玩的爸爸来支招：

身为爸爸，要想让孩子养成节约的生活作风，首先要做好身教工作，要从科技创新角度倡导节约型生活方式，让节约、经济、方便、环保融为一体。在提高节约成效的同时，也不降低生活质量，那才是节约型家庭的根本。

苏明是一位工程师，他在家里提倡节约型的生活方式，言传身教引导孩子养成节俭的习惯。他告诉孩子，节能灯比普通灯省电，于是带着孩子去买节能灯，然后把家里所有的普通灯换掉。一个月下来，节省了10度电。

平日里苏明总是提醒孩子及时关灯，不看电视的时候一定要把电视关掉。孩子在这方面一直做得很好，养成了良好的生活习惯。

节电的同时苏明不忘节水，他利用住顶楼的条件，制作了一套雨水收集系统，从楼顶雨坡收集雨水流入不锈钢容器，经过沉淀处理后，通过管道进入家中作为卫生用水。雨季时，此举为家里节约了大量的自来水。

苏明告诉孩子，每次用完水之后，一定要及时关紧水龙头，洗手的水要用盆子接着，用来冲洗马桶。

必要的装备：

爸爸要多掌握一些节约的小窍门，充分调动孩子的兴趣，只有这样才能让孩子乐意参与进来并持久进行下去。

很多人崇尚简朴的生活方式，那么就要养成节约的生活习惯，不但自己要做到，还应带领妻子和孩子，一起做“节约标兵”。这样，才能真正使你的家庭成为节约型家庭。

让游戏更尽兴：

和孩子一起做节约标兵，要从生活小事入手，节约水、节约电、节约粮食、节约学习用品、节约汽油，等等。在这些方面，爸爸要做孩子的榜样，同时还给孩子必要的教育和引导，让孩子高高兴兴地成为节约标兵。当孩子做得不错时，请给孩子一点肯定和赞赏，让孩子更乐于去做节约标兵。

给孩子设立一个投资账户，带孩子一起理财

张楠为了让女儿对存款、贷款有形象的认识，就和太太一起为女儿办理了一张“家庭银行卡”。女儿每个月省下的零用钱、家务劳动所获得的收入、过年收获的压岁钱，张楠都会一一存到女儿的这张“银行卡”里。

为了鼓励女儿多存钱，张楠还采用了特别的方法激励女儿，就是女儿每储蓄1元钱，张楠就会帮她再存入1元，使她得到双倍的钱。但是，“高息”储蓄是有代价的，张楠规定，如果女儿在某一时间取出储蓄，张楠便会把自己的那份取回。借着这样的方法，不但可以增加女儿储蓄的动力，还能延长女儿储蓄的时间。

不止如此，张楠还教会了女儿怎样使用贷款。他用家里的住房来举例，“虽然我们家的房子很大、很舒服，但是爸爸妈妈无法一次性支付这么多房款，只能依靠银行贷款，也就是向银行借钱，代价是每个月要按时地缴纳住房贷款，同时还要给银行一些利息。”

每当女儿有大宗的支出时，张楠就会“贷款”给女儿购买她想要的物品，但是女儿必须按照分期付款的方式，按月从零花钱里抽出一部分来偿还“贷款”。

6~12岁是儿童理财观念培养的黄金时期。在这个时期，

家长可以领孩子去银行开设独立账户，让孩子定期存钱，告诉他们利息的概念，并将银行储蓄的方法、种类、利率等知识逐渐教授给孩子，这种体验式的教育能让孩子对理财印象更深刻。给孩子开设一个理财账户，可以培养孩子的理财观念，这既能培养孩子良好的生活习惯，也有利于孩子及早形成独立的生活能力。

会玩的爸爸来支招：

为了让孩子建立“自己的钱”的观念，爸爸可以为孩子在银行开立单独账户。当你到银行办事时，可以顺便带孩子一起去，给孩子讲一些理财知识，让孩子了解银行作业流程、ATM功能等。若父母已开始利用此账户理财，则可利用银行对账单、投资报表等，向小孩说明，让他们亲身感受“复利”的效果，激励孩子积极储蓄。

据了解，在如今的金融市场上，有许多理财产品可以帮助家长培养儿童的理财能力。日常熟悉的各大银行的一般储蓄产品，如活期账户、零存整取、整存整取、定活两便等，都可以为孩子开设独立的账户。此外，一些银行推出专门的少儿账户，可以由家长与孩子共同管理，对培养孩子的投资和理财意识很有帮助。

必要的装备：

过年时，孩子收到上千元压岁钱已相当普遍，爸爸们要给孩子压岁钱的支配权，让孩子们有财可理。

在投资之前，父母必须针对家庭、孩子的特点，量体裁衣。学童阶段，压岁钱的积累时间较长，父母可以为孩子选择长期的理财产品。中学、高中阶段的孩子，压岁钱用于理财的时间较短，父母可以为孩子选择相对激进的中短期理财产品。

让游戏更尽兴：

有些家长给孩子办理了投资账户，却不给孩子管理权，他们的理由就是孩子太小了，不会管理他的投资账户。这样做会使孩子失去投资的兴趣，孩子的理财观念和能力就会得不到培养。因此，明智的家长应该和孩子一起管理他的投资账户，即使孩子不会搞投资，爸爸也可以让孩子参与进来。

风险教育是理财教育的基础，让孩子体验投资的风险

有一天，田明带着12岁的儿子在饭店吃饭。儿子吃好后，就独自到饭店的大厅里看鱼。过了一会儿，他跑到爸爸身边细声说：“借我18元钱。”田明问儿子借钱干什么，儿子说：“那里有小巴鱼出售，每条18元。”田明又问他为什么要买小巴鱼，他回答：“把小巴鱼买回去养大可卖88元，这样就可以

赚到70元。”

田明笑了笑，开玩笑地说：“我建议你买大巴鱼，因为把小巴鱼养大需要好长时间，买大巴鱼养一段时间，可以生小巴鱼，每生一条就可以挣18元，生得越多挣得越多。”

儿子觉得爸爸说得有道理，但是想了一会儿又觉得不妥，他说：“我觉得还是买小巴鱼好，因为：第一，我现在没有88元钱，要到过年才有；第二，买大巴鱼万一养死了就损失了88元钱，即使没有养死万一不是母的，也生不出小巴鱼啊，而买小巴鱼如果养死了，只损失18元。”

田明知道儿子说的有道理，但是为了让儿子看清风险和效益之间的关系，还是鼓励儿子大胆地去尝试，勇于承担风险。最终儿子在爸爸的支持下，买了一条大巴鱼，结果这条大巴鱼果真生了小巴鱼，儿子卖掉了小巴鱼，赚了一大笔零花钱。

生活中，有些孩子喜欢“小打小闹”式的赚钱方式，他们害怕赔本，见好就收，以致错过了“赚大钱”的机会。对此，爸爸应该鼓励孩子正视投资背后的风险，不要主观地放大风险，然后把自己吓着了。而应该客观地权衡投资的收益和相应的风险，如果认准了，那就大胆地去做，即使失败了也可以获得不少经验。

当然了，生活中还不乏赚钱头脑，但是没有风险意识的孩子。在投资面前，他们有时候显得很感性，比如，见同学们批发橡皮、卖橡皮赚到了钱，就一口气买回上百块钱的橡皮，结果并没有想象中好卖，导致货物积压，最后导致生意失败。

会玩的爸爸来支招：

应该说，任何投资都是有风险的。爸爸应该让孩子学会勇敢地面对投资背后的风险。

爸爸应该告诉孩子不要畏惧风险。怀特黑德曾经说过：“畏惧错误就是毁灭进步。”同样的道理，畏惧风险就意味着阻碍致富。当孩子做出一个投资计划后，不管成功的可能性有多大，爸爸都应鼓励孩子大胆地尝试。如果孩子最后成功了，爸爸应该祝贺孩子，为孩子感到高兴；如果孩子失败了，也不要对孩子有任何怨言，而应该让孩子擦干眼泪，微笑面对，并从中吸取教训，争取在下次投资中获得成功。

当然，让孩子不要畏惧风险并不是说让孩子去冒险，而是让孩子坚定信心，勇敢地面对投资存在的风险，做到分析利弊，权衡得失，尽量理性地对待每次投资。

必要的装备：

带孩子理财，要告诉孩子最基本的规避风险的方法——别把所有的鸡蛋放在一个篮子里。不把鸡蛋放在一个篮子里，而放在多个篮子里，是为了分散风险。这是面对风险时的机智行为，这其中的道理浅显易懂，爸爸们应该告诉孩子。

让游戏更尽兴：

别让孩子花光口袋里的最后一元钱。这是在教育孩子为自己留条后路，不要不计后果地去投资。有位父亲在孩子投资股票的过程中没有主动干预，他只提醒儿子：永远别花光你口袋里的最后一块钱。他告诉儿子，报酬和风险就像一张纸的正反面，永远紧紧相依，报酬多高，风险就有多高，一定要搞清楚风险在哪里，有多少。这位父亲强调，他从来没有告诉过孩子要躲避风险，相反地，他告诉孩子要勇于面对风险，因为不敢承担风险才是最大的风险。

废物利用很重要，和孩子一起管理家中的废品

虽然豆豆出生在富足的家庭，但是他的爸爸很少给他零花钱，每当豆豆找爸爸妈妈要零花钱时，爸爸妈妈就会告诉他："想要零花钱就要自己动手挣，如果你什么都不干，零用钱自然会很少啦。"有一次，豆豆对爸爸说："爸爸，我想挣钱，您能告诉我怎样挣钱吗？"爸爸笑着回答："挣钱很容易的，咱们一起收集废品，然后卖掉废品就可以挣钱。"

豆豆对这个挣钱方法很感兴趣，于是问爸爸去哪里收集废品，爸爸说："我们小区的街道上有很多垃圾桶，里面有很多饮料瓶，你可以把那些瓶子收集起来，然后卖给废品收购站，赚取零花钱。"在爸爸的提示下，豆豆一有空闲就沿着街

道捡饮料瓶，有时还到邻居家收饮料瓶。

有一次，豆豆发现家里有一堆废旧报纸，于是眼睛一亮，对爸爸说：“我想把这些废品拿去卖了，赚点零花钱。”爸爸说：“可以，但是不能免费给你，你必须从我这里批发，然后再高价卖给别人，挣取差价。”豆豆说没问题。

可是当豆豆准备把废品运出去的时候犯难了，因为废品太多太沉。这时爸爸说：“想想办法吧！”豆豆想了一会儿，找了两个伙伴过来帮忙，报酬是一人一袋奶糖。

一个小时后，豆豆兴冲冲地回来了。他和爸爸认真地算了一笔账，去掉批发废品的花费，豆豆赚了20元钱。

收集废品换取零花钱，让孩子见识到了什么是废物利用，这能极大地激发孩子的商业头脑和节俭意识。让孩子把平时喝的饮料瓶、易拉罐收集起来，而不是像以前那样随意扔掉；让孩子把家里的废旧报纸、塑料袋收集起来，而不是随手扔掉。长此下去，孩子就会逐渐学会节俭，从而养成良好的生活习惯。

会玩的爸爸来支招：

比起父母直接给孩子零花钱，引导孩子挣零花钱更有意义。实际上，如今的家长并不缺少钱，给孩子的零花钱也不少，但是不少孩子心里仍然有一个巨大的“欲望空洞”，无论家长怎么用金钱来填，也填不满。

这时候，需要爸爸给孩子科学的教育和恰当的引导，而不是一味地给孩子钱。不要认为：反正就这么一个孩子，给他多少钱都无所谓。爸爸要通过教育培养孩子正确的金钱观，帮助孩子树立科学的消费观念，让孩子养成勤俭节约的好习惯。

必要的装备：

爸爸不仅要给孩子提供这种实践的机会，而且要给孩子必要的指导。

让游戏更尽兴：

在和孩子一起收集废品的过程中，爸爸主要起指导的作用，给孩子提供建议，而不需要事必躬亲。如果可以的话，爸爸应鼓励孩子利用空闲时间低价收购废品，这样非常有利于培养孩子的商业头脑。

收到压岁钱怎么处理？和孩子规划一下压岁钱

孙鹏的儿子乐乐8岁了，今年春节收到800元压岁钱。孙鹏对儿子说："这是你买课外书的资金，今后你买书都要从这里支出，我只为你保管。"听了这话，乐乐高兴极了。因为有时候他在书店里看到了价钱较贵的书，爸爸妈妈不一定给他买。

孙鹏说："孩子喜欢看课外书，平时带他去书店，他总想多买几本，但是因为自己经济并不宽裕，就告诉他每次去书店只能买一本书。”有了压岁钱后，乐乐在爸爸的陪同下去了书店，花十几块钱买了一本《太空历险记》。

压岁钱该怎么花？每年春节之后，童子军就拿着大笔的压岁钱闯入了相关市场，成为消费主力军。“孩子的压岁钱怎么花”成为每一个家长关心的问题，因为这关系到孩子金钱观、理财观的培养问题。

孩子的自控能力比较差，有了大笔的压岁钱后，可能会买一些自己用不着的东西，或者去打游戏、泡网吧，等等。这样不但挥霍了钱财，而且还容易沾染不良习惯，给孩子的健康成长造成负面影响。爸爸们应该未雨绸缪，给孩子讲一些道理，让孩子明白每一分钱都是来之不易的。长辈们给他压岁钱，是希望他能够健康成长。而对于长辈的关爱，应该让孩子好好体会，并且学会感激、珍惜和回报。

会玩的爸爸来支招：

爸爸要避免孩子将压岁钱只用在自己一个人身上，有些孩子得到压岁钱后变得非常小气和自私，买东西后独自享用，还对父母说：“这是我的钱买的，你可别想尝！”这时爸爸不应一笑置之，而要告诉孩子爱是相互的，懂得分享的孩子才会受到欢迎。

爸爸应鼓励和启发孩子利用自己的压岁钱来表达爱心，例如给爷爷奶奶买礼物，将部分压岁钱捐赠给希望工程，或者买一个新书包送给报纸上报道的“贫困学童”。相信这些爱心教育将在孩子的心灵中播下善良与分享的种子。

必要的装备：

尊重孩子对压岁钱的所有权。面对孩子如何使用压岁钱的问题，有的家长独断专行，将孩子的钱没收；有的家长放任自流，让孩子任意挥霍。其实这两种做法都是不明智的。正确的做法是让孩子在父母的指导下使用压岁钱，并随着孩子年龄的增长，共同制定不同时期的理财方法。

让游戏更尽兴：

既然是给孩子提建议，就应该首先尊重孩子的意愿，否则，那就不叫提建议，而叫自作主张。因此，在孩子支配压岁钱的过程中，原则上应由孩子自己决定压岁钱的用途，不要硬性规定这不该买、那不能买。应该提高孩子对各种事物的判断力，让孩子会用适当的标准来决定该买什么、不该买什么。否则，一旦孩子丧失了主见，只是一味地接受大人的价值观，只敢买父母点头认可的东西，长大后很容易形成依赖性人格。

告诉孩子钱是从哪儿来的，要花钱就要自己赚

《爸爸去哪儿》在云南拍摄的那集，爸爸们为了赚到回

机场的路费需要去抓鱼、挖藕，孩子们为了帮助爸爸完成任务也去老乡家要各种能换钱的东西。我相信，孩子们一定深刻地理解了要花钱就要自己赚的道理。爸爸们是不是也要让自己的孩子体会下“要花钱自己赚”呢？

赵楠要上幼儿园了，爸爸带着他一起去报名、交学费。在去幼儿园的路上，赵楠歪着脑袋问爸爸：“为什么要把这么多钱交给幼儿园呢？”

爸爸顺着赵楠的提问，给他讲上学要交这些钱的原因，比如，支付幼儿园教师的工资；用于买玩具、学习用品；用于买饮料、水果；还用于给小朋友修建玩耍的场所。同时，爸爸还告诉赵楠，这些钱是爸爸妈妈辛辛苦苦工作得来的，跟幼儿园的教师一样，人们只有通过工作才能获取金钱。

金钱不是天上掉下来的，也不是大水冲过来的，而是父母辛苦工作得来的。让孩子从小有这个观念，孩子就不那么容易养成花钱大手大脚的毛病。如果爸爸不告诉孩子金钱的来源，只是一味地满足孩子的要求，就会使孩子把父母当成提款机，甚至孩子会对父母说：“没钱，就去银行取啊！”这类孩子长大后，不仅会缺少赚取金钱的能力，更会严重缺乏感恩的心态，一味向父母索取，而不知回报。

所以，身为父亲，应该早点让孩子知道金钱是怎么来的，只有这样孩子才会珍惜和尊重父母为此付出的劳动，进而养成良好的生活习惯。

会玩的爸爸来支招：

有个男孩子看到伙伴有钢琴，就吵着要爸爸给他买钢琴。爸爸没有立刻满足他，而是说："钢琴很贵的，要用好多钱才能买到，爸爸要努力工作一段时间，把钱攒够了才能给你买钢琴，你需要等一段时间。"

半年时间过去了，儿子一直记着爸爸的话。当他再次向爸爸提起这件事时，爸爸面露难色，说："对不起，钢琴太贵了，爸爸还没攒够钱，你能不能再等一等呢？"儿子虽然有点儿失望，但还是答应了爸爸的请求。

最后，爸爸拿出两万元钱，说要给儿子买钢琴。可是那些钱都是面额很小的纸币，有1元的、5元的、10元的。儿子看到一纸箱钱，惊呆了。就这样，爸爸让儿子明白了一个道理——金钱是来之不易的。

必要的装备：

不要羞于让孩子知道自己的收入，也不要故意隐瞒。不管是什么样的家庭条件，爸爸都要让孩子知道：要花钱就要自己赚。

让游戏更尽兴：

每天，你出门的时候对孩子说："爸爸上班去了。"每个月末，你会拿回相应的工资。这时，你可以告诉孩子："这些钱是我每天上班换来的，不容易呀！”有机会的话，你还可以带孩子到你工作的地方看看，让孩子感受一下你工作的环境。然后，告诉孩子：“爸爸每天都在这里辛苦地工作，为的就是挣钱供养我们全家人。这是一件不容易的事情，所以你要珍惜金钱。”

为什么有人富裕有人贫穷？和孩子谈一谈贫富差距

开学那天，董欣欣穿着整洁但破旧的衣服，背着表姐用过的书包，和爸爸去学校报到。去的时候，董欣欣和爸爸有说有笑，可是下午放学回来，她就变了个样。回到家，她一声不响地躲到自己的房间。

爸爸发现了女儿有点不对劲，通过引导，董欣欣说出了自己的心里话。原来班里有几个同学嘲笑她是个穷姑娘，说她穿的衣服和背的书包都是二手货，他们还在董欣欣面前炫耀自己的名牌鞋、名牌书包，这让她很伤心。

爸爸安慰女儿：“欣欣，不要在意你同学的富有和自己的贫困，因为他们的钱是他们父母挣来的，那不是值得炫耀的事情。虽然爸爸妈妈暂时不富有，不过即使我们以后富有了，你也应该保持节俭的生活作风。因此，你应该正确地认识贫富差距。当你在富有的同学面前感到自卑时，你可以想想还有很多像你这么大的孩子上不起学，甚至连饭都吃不饱。所以，你应该感到幸运。”

爸爸告诉欣欣：“虽然现在我们家没有你那些同学家富有，但只要我们一起努力，很快就会改变现状的。你在学校里应该自信一点，争取在学习上有优秀的表现，那样他们就不会嘲笑你了。”

一些孩子因为贫穷而不愿意上学，害怕被同学嘲笑；一些孩子因为家境贫穷而变得自卑、孤僻，不愿意与同学交往；一些孩子因为家境贫穷而对富有的同学产生偏见，甚至是仇视，继而产生矛盾；一些孩子见到别人穿好的、吃好的，产生了攀比的心理，回家后缠着父母要这要那……家庭之间的贫富差距，逐渐在孩子的心里留下了阴影。

作为爸爸，我们也希望成为富有的人，希望家人过上宽裕的生活，但是由于许多原因，有的爸爸暂时没能带领家人走上富裕的道路，那么就应该正确地引导孩子坦然面对贫富差距。如果你是一个富有的爸爸，也应该教育孩子正确看待金钱，不要歧视贫困家庭的孩子。

会玩的爸爸来支招：

让孩子用平常的心态坦然面对贫富差距，不仅仅是爸爸如何教孩子省钱的问题，还是一个培养孩子品质、磨炼孩子心态、教孩子正确认识世界的重要过程。在这样的过程中，孩子会逐步认识到，财富不是评判他人的唯一标准，因为人身上还有许多更重要的东西，如品德、情趣、性格、特长等。

必要的装备：

要想孩子坦然面对贫富差距，爸爸首先要对贫富差距有正确的认识。爸爸要在日常小事中告诉孩子钱并不是人成功与否的唯一评价标准。生活中有很多比钱更重要的东西。

让游戏更尽兴：

没有哪个人的钱是从天下掉下来的，富有的人之所以富有，是自己不断努力的结果。明白了这一点，孩子才能用平和的心态看待富有的人，然后通过向别人学习，来努力实现富有的愿望。爸爸可以告诉孩子：“你也有成为富有的人的潜力，只要你现在好好学习，不断提高自己各方面的能力，将来你就能成为富有的人、成功的人。”

爸爸和孩子一起分析家庭的购买力

在一家大型超市里，一位爸爸正在安慰哭泣的女儿。原来，女儿看上了一个可爱的娃娃熊，可是爸爸一看价钱，感到很吃惊，标价300元。爸爸很为难，原本家里就不宽裕，加之孩子的奶奶生病了，需要大笔的医疗费用，妻子又下岗了。而他身上所带的钱都买了生活必需品，根本没办法满足女儿的要求。

女儿见爸爸不给她买娃娃熊，马上两眼泪汪汪。爸爸虽然生气，但是理智告诉他，只有冷静地跟女儿讲道理，才有可能说服女儿放弃买娃娃熊。于是，他蹲下身子，帮女儿擦干眼泪，说："孩子，你知道什么是购买力吗？"女儿被这突如其来的提问和问题中的新名词吸引住了，她停止了哭泣，认真地看着爸爸。

爸爸说："购买力说简单点就是购买商品的能力，即你有多少钱。你的钱多，那么你的购买力就强，反之，购买力就弱。"女儿问："爸爸，我们的购买力强吗？"爸爸说："原来我们家的购买力还不错，但是现在奶奶生病了，需要钱给奶奶看病，妈妈又没了工作，收入少了，所以，现在我们的购买力很弱。"

听了爸爸的话，女儿小声地说："爸爸，你是说我们家现在没有那么多钱是吗？""是的。"爸爸看着女儿说道。"好，我懂了，今天我不买娃娃熊了。等以后我们的购买力变强了再买。""真是乖孩子，爸爸爱你。"说完，爸爸牵着女儿的手回家了。

购买力是什么东西，很多孩子并不懂。他们认为，想要什么东西就可以买，反正爸爸妈妈有钱，还可以找爷爷奶奶帮忙。但事实上父母的钱不是从天上掉下来的，买东西也不能随心所欲，因为这取决于购买能力。如果父母把这个道理告诉孩子，相信孩子会理解父母的难处，会明白钱是不能乱花的。这样孩子会懂得去克制自己的消费欲望，从而学会合理消费。

会玩的爸爸来支招：

如果爸爸能够用平和的语气把购买力的问题分析给孩子听，孩子会理解父母的苦衷，与此同时，他也会约束自己的购买欲望，因为他知道家里确实没有那么多钱，应该节省一点。这就使孩子懂得了理财的必要性，这时家长再教孩子一些实用的省钱小妙招，孩子就会很容易养成节省的习惯。

必要的装备：

爸爸要给孩子讲家庭购买力，就要首先让孩子认识自己家的购买力。所谓购买力，就是人们支付货币购买商品或劳务的能力，或者说是在一定时期内用于购买商品的货币总额。通常情况下，决定家庭购买力的因素有工资收入、个人理财投资、出租房屋等获得的收入，以及从财政方面得到的收入（如补贴、救济、奖励等）、银行和信用单位的农业贷款、预购定金净增加额、居民其他收入等。

让游戏更尽兴：

有的家庭并不富裕，按理说应该教育孩子有节制地花钱，可是当孩子吵着要买这买那的时候，有的父母不忍心拒绝孩子，于是瞒着孩子忍痛割“爱”。有的父母甚至欺骗孩子，说自己很有钱，经常对孩子说：“只要你好好学习，想要什么爸爸就给你买什么。”结果孩子以为父母真的很有钱，于是花钱也就无所顾忌了。

慧慧的成绩很好，爸爸妈妈经常拿钱奖励他。久而久之，慧慧就养成了大手大脚花钱的习惯。爸爸妈妈没有意识到问题的严重性，经常对慧慧说："只要你好好学习，爸爸就给你买玩具。"当孩子问爸爸妈妈："我们家是不是很有钱啊？"爸爸妈妈总是不假思索地说："当然了，你只要安心学习就行了。"其实慧慧的父母并没有那么富有。结果慧慧花钱越来越没有节制……

身为爸爸不应该隐瞒家里的实际情况，应该和孩子实话实说，把家庭的经济状况如果告诉孩子，让孩子明白钱不是捡来的，不是天上掉下来的，而是父母辛苦工作挣来的。

零花钱要自己赚，和孩子制定靠劳动赚零花钱的规则

有一位父亲，在儿子6岁的时候，就引导孩子通过家务劳动来挣钱，他和儿子一起制订了一份详细的家务劳动计划，上面清楚地标明了做每件家务可获得的相应报酬。譬如，洗一次碗1元，扫一次地0.5元，每周结算一次。

这位父亲说，他从来不担心过早跟孩子谈钱会让孩子变得唯利是图。让孩子知道钱不是天上掉下来的，让孩子切身体会挣钱的不容易，他以后长大了才不会乱花钱。

他还鼓励儿子自己出去打工赚钱。初中三年的每个暑

假，儿子都要去县城的舅舅家帮忙卖菜。舅舅是菜农，常年卖菜。他说，让孩子早点接触社会，锻炼其独立生存能力，这样他日后走入社会就会少摔跟头。

可能有的家长觉得，家务劳动是每个家庭成员都应该承担的责任，给孩子支付家务劳动报酬，是没有道理的。事实上，年幼的孩子并不懂得这个道理，如果你不采取一点激励措施，孩子可能不那么热衷于做家务。

家长可以把记录账目的工作交给孩子，比如这个月，爸爸取了15次牛奶和报纸，妈妈承包了照料花草的任务，而孩子则在大扫除中表现突出。到了月底，让孩子按账领酬，一家人其乐融融。这对提高孩子劳动的积极性很有激励作用。

在国外，很多家庭都会给孩子家务劳动报酬。家长跟自己的孩子签订“家务劳动劳务合同”：刷碗一次付1元，扫地一次付0.5元，修理草坪一次付2元，取牛奶一次付0.5元……活儿干完，经验收合格，现金支付劳务报酬。

这样做，第一，可以调动孩子参加家务劳动的积极性；第二，以付家务劳动报酬代替无偿给予零花钱，能使孩子明白有付出才会有收获，孩子就不会乱花钱了；第三，可以使孩子通过劳动，体会劳动的辛苦，认识到价值的存在，从而增强节约意识。

会玩的爸爸来支招：

晚饭后，小家伙准备去客厅里看电视，被爸爸一把抓住："去厨房，帮妈妈洗碗。"孩子不太愿意，嘟着小嘴。爸爸笑着说："想要报酬吗？以后想要报酬就做家务活儿吧！"

孩子高兴地答道："好吧，我做就是了。但是具体怎么算报酬呢？"

爸爸说："这样吧！洗一次完整的碗，我是指全部洗完，包括擦灶台、刷水池、扫厨房的地和拖厨房的地，1元钱怎么样？"

"嗯……还行，可以！扫房间的地呢？"

"扫房间的地，包括所有的房间，还有外面的阳台，一次2元钱。"

"如果我还拖地板呢？"

"拖地板是很累的，如果你把家里全拖干净，一次给你5元钱！"

"哇！这么多！那我天天拖！"

……

接下来的日子里，孩子积极地做家务，确实也得到了不少报酬。渐渐地，这种赚钱方式没什么新意，孩子开始厌倦了。每当小伙伴找他去玩时，他就扔下进行一半的家务活儿跑掉，爸爸说他时，他就反驳道："我不要报酬了！"

过年后，孩子得到了大笔的压岁钱，那段时间他再也不做家务了。他说："我现在不缺钱花，我不想做家务了。"慢慢地，爸爸妈妈发现孩子没有责任感，让他帮个忙就要求给钱，孩子好像掉进了钱眼儿里。

如果家长将报酬和家务劳动简单地挂钩，就会使孩子的眼里只有钱。如果想改变这种状况，爸爸需要让孩子明白，做家务劳动的首要出发点是服务全家人，其次才是挣钱。这样孩子才会在赚取报酬的同时，不丢掉责任感。

必要的装备：

和孩子一起制定家务劳动的规则。孩子认同了规则以后，更要明白劳动是为家人服务的，不能什么事情都和钱挂钩，钱只是一种鼓励的方式。

家长要和孩子明确一点：属于个人生活的部分不能通过付酬进行，比如清洗自己的贴身衣物，整理个人的书桌。而家庭公共事务是可以明码标价的，比如照料阳台上的花草、节日前的大扫除等。

让游戏更尽兴：

当你和孩子制定了家务劳动的报酬清单后，就必须明确地告诉孩子：“做家务不能只为了钱，要认真负责地去做，不能敷衍了事。”如果爸爸不跟孩子强调清楚，孩子想要钱的时候就做家务，不需要钱的时候就不做家务，那会使孩子变得没有责任感。

攒钱不只是父母的责任，让孩子参与攒钱

自从买房后，乐先生和妻子就开始执行攒钱计划，还把女儿乐平平拉了进来。乐先生对乐平平说："女儿，我不要求你执行长期的攒钱计划，只要求你每3个月攒一次钱，然后自行处理攒下来的钱。在接下来的3个月里，你再攒钱。"

乐平平疑惑地问："那我每3个月攒下的钱可以买自己想要的东西吗？"乐先生说："当然可以了，因为那是你的钱，是你辛辛苦苦攒下来的。"听了爸爸的话，乐平平一口答应了。

在接下来的日子中，乐平平上学不坐公交车，而是步行上学（因为家离学校就两站地），每天就可省下2元，一周省下10元；乐平平喜欢吃薯片，买的时候批量购买，而不是在商店里零买，这样每批量购买一次薯片，就省下了2元；乐平平不再买饮料喝，而是喝矿泉水，每瓶又可省下1.5元，一周省下7.5元。就这3项，一周她大概就能省下20元钱。

另外，她喝的矿泉水瓶子和用完的作业本不会像以前那样扔掉，而是收集起来。乐平平坚决执行了攒钱计划，3个月下来，她攒了将近300元。用这笔钱，乐平平买了自己想要的东西。又过3个月之后，乐平平又攒了300元钱，但是这次她没有全部花掉，而是继续攒起来。她告诉爸爸妈妈："这些钱是

自己辛苦攒下来的，不能轻易花掉，否则太不值了。”

让孩子学会攒钱，并不是让他省掉该用的花费，而是在不影响正常生活的基础上，坚持该花的钱一定要花，但是要省着花，不该花的钱坚决不花。这样不仅可以使孩子养成节俭的生活习惯，还可以培养孩子控制自己购买欲望的能力，让孩子变得越来越懂事。

最开始，可以给孩子制订短期攒钱计划。之所以给孩子制订短期的攒钱计划，而不是长期的攒钱计划，是因为孩子毕竟没有那么持久的忍耐力。适时让孩子支配攒下来的钱，算是对孩子的鼓励和回报，让孩子尝到攒钱的甜头，他才会继续执行攒钱计划。如果父母让孩子长期攒钱，孩子的购买欲望得不到适时的满足，就很容易失去攒钱的耐心，这样孩子也不会快乐。

会玩的爸爸来支招：

在国外，让孩子学会攒钱是很多家长都要做的事情。墨西哥“理财伙伴”机构负责人阿尔瓦罗·洛佩斯认为，当前的少年儿童在金钱上，似乎已习惯了任何要求都能立刻得到满足。这导致他们今后一旦无法实现自己的购买愿望，就会产生强烈的挫败感。所以，让孩子在想买东西时忍耐一下，把钱积攒下来，以后购买更有意义的东西，是非常有必要的。

必要的装备：

首先设定一个攒钱目标。当你和孩子制订了短期的攒钱计划后，还应督促孩子将其落实到具体的行动上来。毕竟孩子年幼，他们的自控力是有限的，父母需要给孩子积极的引导和帮助，让孩子轻松地攒钱。

让游戏更尽兴：

和孩子一起制订攒钱计划，便于针对孩子的特殊情况做出切合实际的攒钱方案，同时爸爸可以给孩子必要的指导和建议，使孩子顺利地实现攒钱计划。让孩子学会攒钱，无论是对孩子理财观念的建立，还是对孩子生活习惯、性格品质的培养，都是非常有帮助的，这可以使孩子在未来的人生道路上走得更稳健，活得更丰盈。

爸爸和孩子记录并分析每一笔支出

翠翠上6年级了，爸爸每月给她100元零花钱，并规定中途不会再给她1分钱。为了防止翠翠出现财政赤字，爸爸教会了她记账。

刚开始的时候，翠翠不以为然，觉得自己是大人了，不记账也能支配好这笔钱。可是不到两周，她就把100元花光了。仔细回忆，也搞不清把钱都花到哪里去了。

于是，在接下来的两周里，翠翠只好眼睁睁地看着同桌吃棒棒糖、吃冰激凌、吹泡泡糖。第二个月，翠翠乖乖按照爸爸教的那样去记账。每次花钱了，她都很及时地在账本上记一笔，而且经常会在晚上做完功课后，翻开账本看看。

有了详细的支出，每个月的花费就一目了然。慢慢地，翠翠得出了一些经验：哪些钱不必花，哪些可以省着花。这样一来，每个月的100元钱可以花到月底了，而且有时候还有一些结余。临近春节时，她用几个月省下来的钱为爸爸妈妈各买了一份礼物，爸爸妈妈别提有多高兴了。

很多孩子对金钱没有概念，父母给他多少零花钱，他就能花多少。有的孩子甚至会一下买五六块橡皮，几十支铅笔，但是转眼就没了影子。到最后，连钱花到哪里去了，孩子也不清楚。对于孩子的这个毛病，每个家长都希望帮孩子改正，但是不少家长不知从何下手。其实，从小培养孩子记账的习惯是一个很不错的方法。

和孩子一起记账，目的是让孩子养成记账的习惯。这样可以让孩子看到自己的钱到底花到哪里去了，花了多少钱。在账本上，这些都是一目了然的。这样孩子就会慢慢养成良好的消费习惯。

记账可以让孩子懂得“精打细算，开源节流”的道理。给孩子一定量的零花钱，一段时间后孩子将其花光了。这时，孩子会想：怎么花得这么快啊？哪些钱不该花？看看账本就能找到答案，这样孩子下次花钱的时候就会精打细算一下，不会再像以前那样乱花了。

会玩的爸爸来支招：

有些父母让孩子记账，孩子可能说："没必要，我把钱花到哪里了，我心里清楚着呢！"这时不要强迫孩子去记账，给孩子一定的零花钱，告诉孩子："这是你这个月的所有零花钱，你好好支配，如果一个月还没结束你就花光了，我也不会再给你零花钱。"如果孩子不记账，不计划消费，自己会尝到苦头的。

家庭理财需要孩子参与进来，这就要求爸爸要把好关，做好引导工作。每个月全家收入多少，支出多少，和孩子一起来记账。千万不要觉得还为时过早，或觉得收入多少告诉孩子不太好。事实上，这比直截了当告诉孩子哪些钱该花，哪些钱不该花效果好得多，孩子自己心里会有个谱。同时爸爸要让孩子把所花的每分钱记录下来，然后一起检查哪些钱是不必花的，哪些钱花得物有所值。这对改正孩子的不良消费习惯很有帮助。

必要的装备：

先给孩子一定数量的、可以让他们自己支配的钱，然后和孩子一起记录下每一笔的花销，最后告诉孩子哪些花销可以省，哪些不能省，只有这样，才能让孩子懂得记账的重要性。

让游戏更尽兴：

很多孩子对购物存在误解，他们认为东西越贵越好，能买贵的尽量买贵的，因为贵的东西质量好，而且自己还很有面子，但是他们却忽视了经济实惠。

“价格越贵的玩具越好玩。”这是10岁的魏强买玩具的原则，爸爸怎么劝说他都不听，认为爸爸是在说瞎话骗他，爸爸一气之下说：“走，不买了，家里那么多玩具够你玩的。”魏强的眼泪刷刷地掉下来了，一次愉快的购物就这样不欢而散。

魏强的爸爸告诉记者：“这孩子越来越不像话，不光买玩具，平时买衣服、买学习用品，都要买贵的。同学要是买了什么新东西，他也要，而且要更好的、更贵的，从不考虑是不是适合自己。”

当发现孩子有了错误的选购标准时，爸爸应该及时让孩子明白“适合自己的才是最好的”的道理。让孩子在买东西的时候结合自己的需要和特点，以及口袋里的钱来选购物品，而不能什么都讲名牌、讲高价，否则，孩子很容易养成大手大脚花钱的习惯，也容易染上攀比的不良思想。